识干家

企業閱讀 學以致用

HRBP是这样炼成的

中级修炼

迈向人力资源业务伙伴的修炼之路

新海◎著

企业管理出版社
ENTERPRISE MANAGEMENT PUBLISHING HOUSE

图书在版编目（CIP）数据

HRBP 是这样炼成的之中级修炼/新海著．—北京：企业管理出版社，2017.8

ISBN 978-7-5164-1552-8

Ⅰ.①H… Ⅱ.①新… Ⅲ.①企业管理－人力资源管理 Ⅳ.①F272.92

中国版本图书馆 CIP 数据核字（2017）第 164072 号

书　　名：HRBP 是这样炼成的之中级修炼

作　　者：新　海

责任编辑：张　平　程静涵

书　　号：ISBN 978-7-5164-1552-8

出版发行：企业管理出版社

地　　址：北京市海淀区紫竹院南路 17 号　邮编：100048

网　　址：http：//www.emph.cn

电　　话：编辑部（010）68701638　发行部（010）68701816

电子信箱：qyglcbs@emph.cn

印　　刷：三河市文阁印刷有限公司

经　　销：新华书店

规　　格：170 毫米×240 毫米　16 开本　16 印张　180 千字

版　　次：2017 年 8 月第 1 版　　2017 年 8 月第 1 次印刷

定　　价：56.00 元

导读

近几年来，人力资源业务合作伙伴（HR Business Partner，HRBP）几乎风靡国内企业，从华为、腾讯、阿里巴巴、海尔等知名企业到不少中小企业，纷纷设立 HRBP 岗位。很多企业也已经意识到设立 HRBP 岗位的必要性，但总体上来说 HRBP 还是“形似”而“神不似”，或者“形似”也达不到。HRBP 的定位、价值应该是什么，很多企业还没有真正定义清楚；HRBP 应该怎样干好、干出色、产生价值，更是困扰很多企业和 HRBP 的问题。

本书结合笔者亲身从事 HRBP 的工作经历，总结 HRBP 的“作战故事”，旨在让企业 HRBP 或拟进入 HRBP 领域的人员，了解 HRBP 的真实工作场景以及其中的酸甜苦辣，掌握 HRBP 的工作理念、策略、方法和工具，更好地做好角色转型，发挥出对企业应有的价值。本书以案例故事的方式，介绍了 HRBP 在实际工作中碰到的问题和挑战，这些问题和挑战有较强的代表性，相信很多企业 HRBP 都会碰到，而书中提供的 HR 解决方案讲究因时因地制宜、简单有效的原则，重在启发读者思路，可供各类企业 HRBP 借鉴。

本书第一章介绍了 TD 集团的 HR 哲涛，从事业部 HRBP 角色，转型为集团 HRBP 管理部部长的角色，并成功组建了 HRBP 管理部团队，为后续 HRBP 管理工作的开展做好了铺垫。

第二章主要介绍 HRBP 如何为企业战略做出贡献，包括参与企业战略的讨论、支撑业务战略的落地，并对 HRBP 如何驱动业务成功做了阐述，还介绍了 HRBP 如何做好人才市场的洞察工作。

第三、四章从组织的角度介绍 HRBP 能够做什么，一是构建组织能力，二是提升组织绩效。其中重点讲解了组织能力的概念，以及人力资源工作与组织能力的关联性，提供了提升组织绩效的三个方法：设置人力资源效率指标、建立经营管理机制、建设高效的 HR 流程。

第五～九章从人才的角度介绍了 HRBP 如何为业务创造价值，包括做好人员规模的管控、为业务做好人才的“排兵布阵”、辅导新员工上岗、提高在岗员工绩效等工作。这几章重点介绍做人力预算的方法、人才计划的例行管理机制，以及寻找和识别优秀人才的方法，并提出了“人才供应”“人才战略投放”等新概念，在新员工管理、在岗员工绩效管理方面也提出了实用的方法。

第十、十一章介绍了如何辅导管理干部上岗，以及帮助其提升管理能力的方法，并进一步介绍了企业如何发展与提升领导力。其中涉及干部的选拔方法、干部的标准、干部应具备的能力、发展领导力的方法、领导力提升的评估标准、搭建领导班子的重要性等。

第十二、十三章介绍了人才保留与激励的方法，以及如何提升士气，构建良好的组织环境氛围。其中谈到了关键人才的识别、任职资格管理、员工职业生涯规划、激励机制创新等人才保留与激励的方法，以及核心价值观宣传、主管身体力行、发挥员工“自媒体”等改善组织氛围的举措。

第十四、十五章介绍了 HRBP 如何呈现自身价值，如何进行自我提升的方法，以帮助 HRBP 在企业中提升影响力，并走得更稳健、更远。

本书塑造了 TD 集团 HRBP 管理部部长哲涛和各事业部 HRBP 的形象，呈现出 HRBP 群体在 TD 集团中直面挑战、调整自我、发挥价值的经历，有的是笔者亲身经历的，有的是根据需要编写的，旨在帮助读者们全面地、立体地了解 HRBP 的工作场景，并掌握 HRBP 的工作方法。书中的部分观点、方法与 TD 集团所处的行业环境、发展阶段有关，有的内容主要针对具体企业、具体情况，仅供大家参考。

新征程、新超越、新梦想

一、新征程

从笔者推出第一本书《HRBP 是这样炼成的之“菜鸟起飞”》至今，已经近两年过去了。在这两年时间里，笔者从 HRBP 菜鸟，对 HRBP 只有浅层的认识、基础的操作、初步的尝试，到逐步走入“深水区”，即更复杂的 HRBP 工作场景，开始了更深层次的思考，提出并实施更具综合性的 HR 解决方案，帮助业务解决了一个又一个难题。

这个过程是痛苦的，就像在没有路的荆棘中前行，需要自己披荆斩棘，走出一条路来。目前市面上关于 HRBP 的书籍极少，即使有也是更多在理论、模型层面进行探讨，接地气、拿来即用的“作战武器”几乎没有，这就是国内 HRBP 工作者要学习和发展提升面临的困境。

走出这个困境总得有先行者，笔者以“双脚的累累伤痕”尝试走出一条路，让即将进入或已经进入 HRBP 之旅的同行能够走得更踏实、轻松一些，能朝着相对正确的方向，不至于走过多的弯路，节省试错的成本。

与《HRBP 是这样炼成的之“菜鸟起飞”》所处阶段不同，笔者已经走进 HRBP“新战场”，这是一个“新征程”。这个

“征程”有以下三个特点：

第一个特点，HRBP介入企业战略的制定与落地过程。在企业战略的制定阶段，HRBP从人力资源的角度给企业战略讨论提供价值性的输入，使企业战略的形成融入组织、人才的成分，就像混凝土一样更加坚固，支撑起整座企业战略的大厦。而HRBP的提前介入，有利于企业战略的后续落地与执行，因为HR已经与业务在前期战略制定环节有了“握手”，从而使得HR战略规划与企业战略规划一脉相承。HR战略规划是企业战略的解码，并支撑着企业战略的实现。

书中还提到了HR如何驱动业务的内容，只是点到为止。因为从目前HRBP的发展及企业管理的成熟度来看，这个趋势只是一个萌芽，需要较长时间才能开花、结果，也许会在笔者的下一个阶段的实践中逐步实现。

第二个特点，HRBP更加聚焦对组织的价值贡献与成果产出。需要强调的是，这个价值贡献与成果产出是相对于组织整体而言的，或者是对于业务而言的，而非对于HR体系本身而言的。这是HRBP视角与传统HR视角的最大不同之处，也是判断HRBP能否成为“真正”的HRBP的分水岭。

本书整体思路与结构都是围绕HRBP的价值贡献与成果产出展开的，从塑造与提升组织能力、帮助组织提升绩效到做好人员规模的管控、为业务做好排兵布阵、做好人力资源的战略性投放，到辅导新员工上岗、提高在岗员工的绩效、助力员工的能力提升，再到干部选拔与发展、领导力提升，最后到人才的保留与激励、提升士气激活团队等。每个部分的着眼点讲的都是HRBP对于组织与业务的价值实现，是从组织与业务的视角来看HRBP起到的作用、发挥的价值。

第三个特点，根据 HRBP 实战的场景提出 HR 解决方案。首先是场景的真实性，这些场景大部分是笔者在工作中遇到的，也有部分是从其他渠道了解的，有着较强的实务性。笔者始终认为，只有在实战场景中才能学会“作战”，能力是在“作战”中历练出来的。呈现这些实战场景，能够帮助大家深入理解里面的人物面临哪些挑战，为什么会这么想和这么做，最终能够在多大程度上产生影响。

在实战场景中，HRBP 该如何应对？金一南将军有一句名言：“战胜对手有两次，第一次在内心中。”笔者理解的这个第一次就是指战前的规划。对于 HRBP 来说，就是针对实战中遇到的问题提出解决方案，解决方案本身比行动本身更重要，解决方案是否对准了业务的痛点与问题的根本原因，决定了 HRBP 的行动能否产生实效，就如枪能否打中“靶心”一样。书中提到的解决方案可能不像大家通常理解的某个 HR 模块的专业方法，更具综合性，也就是说不是一招半式，而是一个组合拳。这个组合拳的组合可能简单也可能复杂，根据因时因地之需而设计。对于 HRBP 新手来说，学习和借鉴解决方案如何产生的思维过程是最重要的。

二、新超越

在 HRBP 新征程上，需要有新的突破、新的超越。这就是本书书名中用“中级修炼”，而上一本书是“菜鸟起飞”的原因。两者有着不同的层次。新的超越有三个方面：

第一个方面，对于主角的新定位及多主角的出现。第一主角由“菜鸟起飞”中的事业部 HRBP 成长为集团 HRBP 管理部的部长，带领事业部的 HRBP 团队以 HRBP 管理者的视角看待 HRBP 的实践。为什么说多主角的出现？因为里面有 HRBP 管理部的其他同事及好几个事业部的 HRBP，他们都在书中占有一定的篇幅，在某个部分是作为主角出现的，所以，准确地说本书呈现的是一个 HRBP 群体和他们的经历。

另外，由于各事业部 HRBP 所处的场景不同，各有一本难念的“经”，同时 HRBP 各自的性格也不同，让我们能够看到更多的故事，从而可以从更多元的视角去观察 HRBP 在实务中遇到的形形色色的问题，以及具有个性化的解决方案。

在第一本书中，主角的名字叫“兴兴”，有些读者致函笔者，建议改一个名字，所以本次笔者把第一主角的名字改为“哲涛”。如果读者看过第一本书则可以理解为“哲涛”就是第一本书的“兴兴”，第二本书是他的 HRBP 经历的延续。

第二个方面，书中着重体现了 HRBP 无畏前行的精神。在里面可以看到 HRBP 们遇到了各种各样、大大小小的困难和挑战，但他们都有勇气与信心去面对，逢山开路、遇水搭桥，最终战胜困难、取得成果。这种无畏的精神是 HRBP 身上始终应该保持的，有句话说：“所有事情在变得容易前都是困难的。”乐观、无畏，无论境况如何，HRBP 都有选择权，就是可以选择以积极的态度去面对。

第三个方面，HRBP 永无止境的修炼。HRBP 需要不断提升自我，从而更好地呈现自身价值。再次强调，所谓的价值一定是对组织和业务而言的，HRBP 要在组织的“价值链”中找到属于自己的位置，要形成与组织、业务的价值对接，HRBP 需要及时对自身做出必要的改变和调整，从思维方式、业务语言、能力模型到沟通风格、行为方式等。

三、新梦想

首先，书中的 HRBP 都有一个梦想，就是使自己的价值得到体现，获得组织、业务的认可。换一个角度说，就是让公司高层、业务主管从心里认为 HRBP 是企业中不可或缺的角色，是业务主管的坚定伙伴，是实现组织战略的有力支撑。

其次，笔者有一个梦想，就是期待有一天中国所有的 HRBP 都能够迎来这个专业角色蓬勃发展的春天。虽然现在设立 HRBP 的企业还很少，HRBP 群体还很小，HRBP 的力量也比较弱，但相信随着时间的推移，HRBP 的角色会更加丰满，HRBP 的形象会在组织中逐步屹立起来。只要我们用心、努力、有耐心、相信积累的力量，就一定可以做到！

最后，借用唐代诗人王昌龄的诗句——“一片冰心在玉壶”，笔者希望以自己点点滴滴的积累与奉献，能够帮助那些仍然在坎坷道路上艰难跋涉的 HRBP，看到前方的曙光，增添一股力量，从而为中国 HRBP 领域的发展尽自己的一点绵薄之力。

让我们共同期待 HRBP 发展的满园春色！

新　海

2017 年 2 月 5 日

目录

[第四章]帮助组织提升绩效

[第五章]做好人员规模的管控

[第六章]为业务做好排兵布阵

[第十章]辅导干部上岗，提升干部管理能力

[第十一章]发展与提升组织领导力

[第十二章]做好人才的保留与激励

[第十三章] 提升士气，激活队伍

[第十四章] HRBP 如何呈现自身价值

[第十五章] HRBP 自我提升，永无止境

故事背景：

故事发生在上海某大型企业集团 TD 公司。TD 公司是一家综合性大型民营企业集团，涉及房地产、IT、制造业（家电）、医药、物业管理、文化等行业，各行业分设事业部，员工约 1 万人。

主要人物：

TD 集团 CEO：李健

TD 集团人力资源总监：徐亮

TD 集团 HRBP 管理部部长：哲涛

TD 集团 HRBP 管理部员工：兰洁、皓枫、程挚

TD 集团地产事业部 HRBP：文盛

TD 集团家电事业部 HRBP：韵诗

TD 集团 IT 事业部 HRBP：凌峰

TD 集团医药事业部 HRBP：依芸

TD 集团职能部门 HRBP：馨菊

第一章
踏上新征程

❶ 机遇只给有准备、肯争取的人

哲涛在TD集团地产事业部做HRBP三年了，可以说得心应手，事业部总经理李成对哲涛也甚为满意。工作闲暇之余，哲涛有时也在想：下一步我该往什么方向发展，我的职业发展路径是什么呢？自己其实挺适合做HRBP的，但HRBP能够做到更高的层次吗？他也在留心着公司内更好的发展平台和机会。

有一天，哲涛听到一个消息，TD集团因为各个事业部都有了HRBP，这些HRBP原来都是向人力资源总监徐亮汇报，而徐亮日常工作非常忙，兼顾不了这么多HRBP的指导与沟通工作。另外，徐亮觉得HRBP渐成气候，有必要成立一个专门的部门来规划HRBP的管理体系，于是他考虑在人力资源部下成立HRBP管理部，统筹集团的HRBP管理工作及HRBP队伍、能力建设工作。

哲涛觉得这是一个很好的职业发展机会，很想争取一下，自己累计已在 HR 领域工作十年，并且积累了三年的 HRBP 工作经验，也有了一定的管理经验，对公司业务情况也有一定的了解，应该是有条件争取的，所以决定找徐亮沟通一下。

这是一个周五，大家都穿上休闲的服装，哲涛也穿上了浅蓝色的 POLO 衫，他一直很喜爱这个舒适、优雅的品牌。他想周末大家比较放松，正适合找徐亮谈这些看似不太重要而又非常重要的事情。

到了徐亮的办公室，哲涛在门口和徐亮打了个招呼，问徐亮是否方便，徐亮点点头。哲涛走进去并有意识地把门关上，以便有一个安静的沟通环境。哲涛和徐亮谈了自己的想法，认为徐亮会一脸喜悦，毕竟有了一位理想的候选人。但徐亮似乎有点惊讶，然后低头沉思，那几秒钟让哲涛觉得特别漫长。

过了好一会儿，徐亮才开始说话，他的话语透露出疑虑。他告诉哲涛 HRBP 是"业务伙伴"，作为 HRBP 管理部部长要非常了解业务，所以这个岗位的人选有业务背景是很重要的，他已经看中一位业务部门的主管，想把这个主管转到人力资源岗位。他觉得哲涛缺少业务背景，也没有管理过这么大的团队，所以比较担心哲涛能否胜任。"让我再好好考虑一下。"徐亮用这句话结束了交谈。

此次谈话后，哲涛好几天都闷闷不乐，一直在琢磨徐亮的话及 HRBP 管理部部长的职位要求，想到自己的差距，有时不由得一声叹息。他的异常情绪被事业部总经理李成察觉了，李成主动约哲涛到楼下的咖啡馆聊天。哲涛把自己的苦恼倾诉出来，李成笑笑说："这个岗位是一个新的岗位，岗位所需的胜任能力模型目前大家都不太清楚，但我认为从经历或经验的维度来看，业务经验和HR的经验是同等重要的，所以你已经具备了HR经验的优势。而且这三年你在地产事业部工作，对本事业部的业务比较熟悉，对其他事业部也有一定的了解，只是需要加强学习而已。我认为HRBP管理部部长不一定要精通业务，只需要知道业务的主要趋势、业务流程、业务特点与诉求就可以了，因为这些是制定人力资源解决方案的核心要素。”

哲涛听了，赞叹李成的洞悉力，心中涌起感激之情，同时黯淡的内心出现了一丝亮光。

李成接着说：“这个月月底就是集团的年会，在年会上我刚好有机会与人力资源总监沟通，我和他说说你在事业部里的表现与绩效，说不定会有转机。”

集团年会持续了两天，两天的热烈讨论后，第二天晚上是聚餐。在觥筹交错之间，李成找了一个机会和徐亮说话，他简要介绍了哲涛这三年在地产事业部工作期间的情况，比如很快熟悉了业务，能够用业务语言与业务主管沟通，同时帮助事业部建立了比较好的人力资源管理体系，特别是员工能力提升、绩效管理、员工激励等方面，很好地支撑了业务发展，所以现在地产事业部士气高涨，组织氛围很好，这和HR团队的贡献是分不开的。李成认为哲涛是有能力和潜质胜任HRBP管理部部长职位的，哲涛需要的只是进一步积累业务知识，以及锻炼更好的系统性思维、人员管理能力，他相信哲涛是一块璞玉，有雕琢成精品的条件。

徐亮听后若有所思，认为这是一个可以考虑的方案。第二天，徐亮找哲涛详谈，深入了解了哲涛对业务的认识，特别是目前业务的痛点与诉求，以及针对业务痛点与诉求的人力资源解决方案。最终徐亮认为哲涛是HRBP管理部部长岗位的理想人选。因为有历史经验证明，哲涛在HRBP领域取得过成功，这种成功经验是可以从比较小的领域扩展到更大的领域的，因为HRBP需要有比较独特的素质模型。

2 一个好汉三个帮

两个月后，哲涛到新的岗位上任了。他来到高耸入云的总部大楼的最高层办公，看到窗外一片林立的高楼，顿有“一览众山小”的感觉，视野和格局打开了，心中升起一创新天地的雄心。

公司这次给HRBP管理部确定的编制为4人，徐亮让哲涛组建团队，可以从现有的HR团队中抽调人员，也可以从业务部门物色人员，自己会全力支持相关的沟通协调工作。

徐亮给HRBP管理部的目标与期望是：支撑各事业部HRBP更好地给业务创造价值；构建HRBP管理体系；让HRBP角色与理念深入人心。也就是说，创造价值、夯实基础、推行理念。

哲涛反复思量构建什么样的团队才能达到这个目标，人选的事情影响长远，必须慎之又慎，充分投入时间思考是值得的，但他考虑了一周多都没有好的思路。

一天他偶然读到《引爆点》这本书，书里提到的“个别人物法则”，说流行的兴起系于关键的少数人身上，在其间发挥作用的三个人物角色是联系员、内行、销售员。

● 联系员：就是那种“认识了很多人的人”。这类人把朋友当作邮票一样地搜集，随时与人保持联系，这个角色可以把信息快速地散布出去。

● 内行：就是那种“什么都懂的人”。这类人对某一种知识可以说是“达人”，不厌其烦地把相关知识分享给朋友，但是没有很强的说服力。这个角色对某件事情的狂热，使他所发掘出来的事情成为有价值的事情。

● 推销员：就是那种“什么人都能够说服的人”。这类人没有很丰富的知识，但是有特殊的能力让见面的人在短暂的时间内就交付信任。这个角色能够把内行发现的东西以简易的语言与他人沟通。

哲涛很受启发，自己能否借鉴这三个人物角色选人？哲涛开始以这个框架打听与物色人选，终于让他寻找到以下三位人选：

第一个人叫兰洁，她是某事业部的 HRBP，人际交往能力非常强，与业务主管、员工沟通游刃有余。她的个性是自信、有活力、有好奇心，亲和力极强，属于能与陌生人“自来熟”的类型。兰洁可以担任“联系员”的角色，工作重点在于推行 HRBP 的理念，让其深入人心。

第二个人叫皓枫，是采购部的部长助理。他不但具有多年的业务经验，曾在研发部、销售部工作过，后调到采购部，对公司业务流程非常熟悉，而且日常配合采购部主管处理人力资源工作，能够很好地理解业务对人力资源的诉求，能够把人力资源方法很好地应用在业务场景中，提升了采购部的人力资源管理能力。皓枫可以作为“内行”的角色，工作重点在于分析业务的痛点与对人力资源的需求，创造业务价值。

第三个人叫程挚，是目前 HR 部门的培训主管。他是一个情商极高的人，善于把握人性，而且思维严谨，善于思考，做出的培训方案和教材很符合一线的需求，在授课过程中引人入胜，观点一针见血、入木三分，说服能力极强，能够带给学员很好的思想启迪与情感共鸣，是公司的“金牌讲师”。他可以承担“推销员”的角色，帮助 HRBP 构建管理体系，夯实管理基础。

哲涛把这三个人的名单提交给徐亮，徐亮非常赞赏哲涛选人的思路与眼光，他让哲涛分别单独找这三个人沟通，看看他们的想法，如果有意愿，徐亮再与本人沟通。有两个人属于 HR 系统内人员，人员调动不在话下；采购部的人员，徐亮会与采购部主管沟通，并且征求总经理的意见。

整个沟通过程很顺利，三个月内，这三个人陆续到位，哲涛的 HRBP 管理部真正“挂牌”，新的征程开始了。

第二章 HRBP 要为战略做出贡献

❶ 参与公司战略规划讨论

哲涛是在年底上任的，还没到一个月，公司要在第二年年初召开年度战略规划会议，人力资源总监徐亮让哲涛组织HRBP 管理部同事讨论 HRBP 应该如何参与其中。

这一天午休过后，哲涛和兰洁、皓枫、程挚坐在公司明亮的办公区中类似“吧台”的讨论区，每人前面是一杯散发着浓郁香气的咖啡。

哲涛问大家：“你们认为 HRBP 能为公司年度战略规划会议做什么呢?”一向反应极快的兰洁不假思索地说：“公司战略规划主要是业务部门的事情，我们负责组织会议就好了。”天蓝色的上衣衬着黑色的裙子，显得她清纯而可爱。程挚点点头：“我们还可以联合行政部一起组织，因为他们可以帮助做好行政的后勤支撑与保障工作。”

哲涛笑了笑，转向皓枫：“你认为呢?”皓枫是从业务部门转过来的，思路有些不同，但他不想直接否定前面两位同事的意见于是说：“他们两位说得对，HRBP 是要参与会议的组织工作。但我们还可以做更多的事情，因为 HRBP 也要了解业务的发展趋势，理解和分析业务的需求和痛点，以便后续把业务战略解码到 HR 战略中，所以我们要参与业务战略的讨论，并且对业务的战略提供一定的信息输入，比如人才市场发展趋势。”

哲涛认可地点着头，而兰洁与程挚也被皓枫的看法触发了灵感。兰洁扑闪着清澈如水的眼睛：“我们可以在安排会议议题的时候加入人力资源管理的议题，比如行业人力资源市场趋势分析，介绍行业人才供给状况、竞争对手组织与人才变动情况等，我想业务部门会对这些信息感兴趣，而且能给他们制定业务策略提供很好的输入。”

程挚补充说：“除了竞争对手的组织人才状况，我们还应该分析客户的组织与人才状况，因为行业发展太快了。客户不断调整自己的业务模式与组织结构、队伍阵形，我们也要匹配上客户的组织与队形变化，这样才能更好地满足客户的需求。”

哲涛肯定了几位同事的意见，认为可以落实到后面的战略规划会议中。另外，他提到人力资源总监徐亮对 HRBP 团队的期望。徐亮认为目前 HRBP 团队对公司未来五年的战略规划还不够了解，还不是很清楚行业的变化，建议 HRBP 管理部召集下属事业部的 HRBP 同事一起把去年制定的 TD 集团业务战略规划学习一遍，可以邀请去年牵头做战略规划的 Marketing 部门同事来专门介绍。

哲涛认为除了往上“看天气”，HRBP 还应该走入一线

“接地气”，应该经常走进业务部门，走进一线员工中，多与中基层主管与员工沟通，会给制定人力资源战略规划及落地方案提供帮助。

经过大家精心的筹备，公司的战略规划会议开始了，公司 CEO 李健做了动员讲话。其中，李健提到战略规划的作用：“战略规划的作用就像帮助我们戴上了望远镜，在看清楚前方的路之后，我们才能更坚实地走好现在的路，确保我们脚下的路不走偏。战略规划虽然不能解决所有的问题，但是能够把结构化的前进中的主要问题解决掉。”

李健继续说：“在公司的战略规划讨论过程中，要同时讨论各事业部的战略规划，两者是同时进行的。上一层组织的战略规划讨论与下一层组织的战略规划讨论需要交叉进行，最后进行‘互锁’，也就是公司战略与事业部战略的‘互锁’。另外，不仅讨论五年的战略规划，还要讨论每年的战略目标是什么，这就是中长期战略目标与年度业务目标的‘互锁’。”

人力资源总监徐亮、HRBP 管理部部长哲涛及几位 HRBP 都参与到各组的战略规划讨论中。大家都很受启发，从人力资源的角度提供了有价值的输入，比如 HR 的市场洞察信息，让业务主管进一步感受到 HR 对业务的价值。

哲涛也从中获得了更高的战略视野，他明白了公司每年的战略规划会议是确定公司的战略意图、战略高地、战略机会点、战略里程碑的重要方式，支撑公司 3 ~ 5 年的发展；而战略规划之后是业务规划，它是支撑当年到未来 18 个月的发展；战略规划分解为业务规划，而业务规划支撑战略规划。战略规划不仅包括战略意图等定性的内容，还包括公司的经营、预算、考核指标等内容，不仅包括公司短期、中期的投入，还包括长期的战略性投入。

兰洁、皓枫、程挚也听得津津有味，业务规划的思维使他们脑洞大开，比如业务对客户进行分类的三个因素：盈利能力、发展潜力、战略匹配；公司盈利模式的分类：低成本模式、金字塔模式、后续服务模式、价值链定位模式等。大家深深感觉到 HRBP 也要建立对客户、竞争对手的洞察意识、方法与能力，这方面业务部门给 HR 部门提供了很好的思路。

哲涛很喜欢军旅作家金一南所写的《心胜》一书，这是一本描述勇气和必胜信念的书籍，其中有一句话："战胜对手有两次，一次在心中。"战略规划就如同心中的战争，只有先打胜心里的战争才能打胜现实世界的战争。而竞争对手"想干啥"，自己"应该干啥"，这是在企业战略规划阶段的竞争，是对竞争对手的洞悉和预判，就如李小龙预判对方的出手一样。

为战略执行保驾护航

公司战略规划会议连续开了三天，这次战略规划会议由于人力资源总监徐亮高度重视 HR 团队的建设与价值发挥，特别是 HRBP 管理部的成立，HRBP 队伍对业务的发展将起到越来越重要的作用，因此大会专门用了一个下午的时间讨论 HR 对战略的价值与贡献是什么，以及如何发挥 HRBP 队伍的价值。

徐亮认为，大家只有对 HRBP 的定位与价值达成一致，后续才能更好地促使 HRBP 与业务主管合力办成事情，HRBP 才能起到支撑业务发展的作用。

经过会议讨论，大家逐步清晰了企业战略与 HR 工作的关系：根据企业发展战略的要求，人力资源管理制定人力资源战略与执行计划，有计划地对人力资源进行合理配置，采用包括招聘、培训、使用、考核、激励、调整等一系列举措调动员工的积极性，发挥员工的潜能，为企业创造价值。

哲涛想起全球知名人力资源管理咨询专家戴维·尤里奇（Dave Ulrich）的话："HR 应从内部运营视角转变为更具战略性的、由外而内的视角，而战略和业务的需要则是人力资源工作活动的起点。"

哲涛觉得很有道理，比如企业的战略是要在新的业务领域拓展并逐步建立竞争优势，那么人力资源战略就要提前寻找、补充、培养这些业务领域的人才，并制定相关的考核、激励措施强化这种优势，这样人力资源就成了落实业务战略的重要抓手，是企业在不确定性环境下所采取的确定性措施。

我们要用人才来决定未来的竞争力，用对人才的持续追求和管理的持续提升来应对不确定的未来，而 HR 管理者也逐渐从事务管理者成为业务战略的执行者和保驾护航者。

通过讨论，越来越明确 HR 如何支撑业务战略的实现，大家总结出三个要点：

- 人力资源支撑战略是指从 HR 的角度支撑战略，所以是部分的支撑战略的实现，而不是完全支撑战略的实现。因为 HR 只能从 HR 的角度起作用，战略的实现还需要从业务的角度起更多的支撑作用。

• HR 要起支撑作用，必须对准战略的诉求和业务的痛点，也就是方向要正确，HR 采取这些措施是真正能满足业务需要的。

• HR 的解决方案要能够得到贯彻与落实，得到业务主管的认可并帮助解决方案在本业务团队中采用并落地，才能真正取得效果。

坐在一旁的兰洁与皓枫边听边“窃窃私语”，他们共同的心得就是：HR 日常从事每一项人力资源管理工作时，都应该思考如何与业务战略连接，如果能够想到与做到这种连接并落到实处，就能够体现人力资源管理的价值。

HR 如何驱动业务成功

在公司战略规划会议中，徐亮提出一个让人耳目一新的观点：“对于中短期来说，人力资源最重要的任务是支撑业务获得成功，那么在未来，人力资源管理是否有可能成为驱动业务成功的重要因素，人力资源管理如何才能驱动业务成功呢？”

这个问题非常富有远见，大家内心似乎都被“电”了一下。看着大家惊讶的表情，徐亮微笑着解释道：“这个观点并非‘空穴来风’，而是观察与思考近几年互联网行业发展的一些特点总结出来的。在互联网时代，人的作用越来越大，一个‘牛人’可能会让一个企业在某一个领域实现突破性的进展，一群‘牛人’的创新甚至可能会颠覆一个行业。这就是我们通常所讲的‘领军人物’。HR 可以帮助业务部门识别、获取这些‘牛人’，并协助业务部门发挥好‘牛人’的价值。同时，我们也需要企业中有‘能工巧匠’，他们帮助企业打磨出优秀的产品，给客户带来美好的体验。他们都是企业需要的‘精英人才’，他们都是驱动商业成功的原动力，如何提前识别‘精英人才’、用好‘精英人才’，让‘精英人才’真正发挥出更大的作用，把蕴藏在员工身上的能量激发出来，激发组织，取得胜利，这是人力资源工作者的永恒话题。”

徐亮的这一番话无疑给现场的业务主管们扔下了一颗炸弹，把大家的思维炸开了，热烈讨论起“牛人”对业务的重要驱动作用，还有不少主管深感自己以前忽视了人才的能量，对自己没有人才管理的意识而感到惭愧。

对于业务主管来说，首先需要认识到“人”是管理的起点和目的，只有充分激发员工的动力，发挥人的价值，才能更好地创新，更好地服务于客户。

公司 CEO 李健对业务主管们语重心长地说：“我看到很多主管对员工采取简单粗暴的管理，完全不考虑员工的感受，我很心痛。当你把员工像机器的零件一样看待，不关注他们在能力和意愿方面的差异性，随意安排他们的工作岗位或是在管理上简单粗暴地一刀切，员工发挥的价值就是有限的，你的管理水平也是初级的。当你把员工看成有能力并需要内在和外在激励的人，尊重他们的意愿和专长，关注他们的学习和成长，员工就有可能被激发出内在的动力，从而创造出更大的价值。同时，当你可以系统性地理解人力资源管理的战略性价值，与公司的 HR 团队一起向员工传递公司的人力资源管理理念，并运用人力资源管理的方法与工具吸引、培养、激励和留住人才，你的管理水平才会进步，你的团队才能进步，整个团队的业绩才会提升。”

业务主管最感兴趣的人才市场洞察报告

哲涛给业务主管们分享了一个多月来精心准备的人才市场洞察报告，这是他发动 HRBP 管理部同事及各事业部 HRBP 分头搜集，然后大家一起经过三次讨论后整理出的材料，徐亮也全程参与了讨论。在此过程中，他们与多位业务主管及核心业务骨干沟通，从业务部门获取了不少行业信息，可以说这是 HR 团队与业务部门共同的汗水结晶。

这份报告主要回答了“五看”的问题：

- 看宏观：

国家人才战略、人才政策，以及对人才市场的影响。

国家不同区域、城市的人才竞争力状况，人才流动趋势。

国家近年经济环境对人才市场的影响。

国家劳工政策对企业人才管理的影响。

本行业的发展趋势对人才吸引力的变化。

全国高校毕业生总人数及分布，高校相关专业毕业生人数。

人才的择业观的变化与职场变化。

- 看行业：

国家层面对本行业有没有特殊的人才政策。

本行业人才市场的供给量，特别是关键人才数量与分布（区域、层级分布）。

本行业关键职位人才在目标企业的分布与数量，特别是“领军人物”或“牛人”。

相关行业人才流动趋势（行业间流动、企业间流动、区域间流动）。

- 看客户：

客户的组织变动的近况、趋势。

客户的人才政策。

客户关键岗位近期的人才变动。

- 看竞争：

竞争对手的组织，以及组织变动近况。

竞争对手的人才主要来源。

竞争对手的人才结构。

本企业与竞争对手的薪酬福利竞争力对比。

- 看自身：

本企业的人才结构。

本企业干部的分布。

本企业离职率、离职去向与离职原因分析。

本企业内部人才晋升状况分析。

本企业人才招聘数量与结构分析。

招聘时，候选人拒绝本企业 Offer 比例及原因分析。

本企业人才调动情况分析。

业务主管们听得非常认真，对这些鲜活的数据很感兴趣，还不时提出问题，了解和确认一些细节信息。这是哲涛第一次看到业务主管们如此专注地聆听人力资源报告。哲涛认识到这项工作的意义，坚定了把这项工作当作常规工作持续下去的信心，比如每两个月发布一次行业人才市场的洞察报告。

在哲涛讲解完以后，徐亮补充道：

“市场洞察是不断站在未来看现在，从海量数据中找到未来的方向，而且做市场洞察需要以‘迭代’的方式去做，未雨绸缪——进行例行数据收集，横纵结合——从多维度进行专项分析，找到数据与业务战略的有效关联。总之，‘没有调查就没有发言权’，HR 要和业务部门对话，必须做充分的数据分析与精心的准备。

“‘春江水暖鸭先知’，HR 也要提前嗅到人才市场变化的气息，及时告知并帮助业务部门做好必要的准备。市场洞察是通过收集现有信息，在分析的基础上预测将要发生什么。HRBP 从人才洞察的信息中识别风险，犹如水手们寻找可能威胁到行船安全的海平面以下的冰山的延伸；或者发现机遇，提前在空气中闻到某个方向飘来的花香，带领大家到达一片美丽的花园。

“比如某 IT 行业发现人才趋势与变化点：行业人才缺口不断增大，‘人才洋流’日益突出，人才争夺日趋激励。他们从中得到启示，在人才来源方面，需要关注全球人才的分布及流动趋势，加强在美国硅谷、印度班加罗尔、瑞典斯德哥尔摩等地进行高端人才的布局。

“某家电企业在招聘应届生的时候，发现雇主品牌是优秀的应届生择业的重要影响因素，因此公司开始有规划地开展校园的雇主品牌建设，采用更加新颖的宣传方式、更加灵活多样的招聘方式积极接触和吸引优秀的毕业生。

“还有很多公司察觉到，近几年的学习理念变化和数字化技术改变了人才学习发展模式，于是很快转变学习理念，从实时化、移动化、个性化等维度建立新的学习模式，牵引员工主动学习、快速成长。”

经过这次非常成功的人才市场洞察报告的介绍，哲涛决定和伙伴们一起探索出人才市场洞察的路径，把这项工作开展起来，让这个报告成为业务主管案头必备的“内参”材料。

那么，有哪些途径可以获取人才信息呢？哲涛带领 HRBP 团队采用“复盘”的方式回顾了做人才市场洞察报告的过程，发现人才信息获取可以“八仙过海，各显神通”，他们总结了以下方法：

- 宏观的人口数据可以从联合国（UN）、经济合作与发展组织（OECD）、国家统计局等网站获取。
- 中观的行业信息、企业信息可以从相关行业协会的网站、HR 相关的网站（如美国人力资源管理协会 SHRM、中人网等）、人力资源咨询公司（如麦肯锡等）、人力资源杂志（如《哈佛商业评论》等）等获取。
- 微观的人才信息可以从标杆公司的网站，其他公司的财报及财报会议纪要获取，里面涉及组织变动、人员变动的信息。通过搜索引擎进行关键字搜索，以及在人才招聘网站上搜索关键岗位的人员简历信息（可以看出该公司员工的职业发展路径）。通过招聘环节的数据收集，可以罗列出所在组织各关键岗位薪酬与业界的对比情况，以及了解其他企业的用工策略。

更多的人才信息是在现在的工作中对所涉及数据的及时收集与维护中逐步积累起来的，但是在开始时应该建立人才信息收集的框架与计划，然后按照这个计划收集相关的信息。

第三章
塑造与提升组织能力

1
什么是组织能力

CEO 李健在会议结束的总结发言时提到：希望人力资源起到最大的作用就是能够根据企业战略需要，塑造和提升组织能力，让组织能够匹配、支撑企业战略的实现。

什么是组织能力？李健进一步阐述了他对组织能力的理解：组织能力是组织应对外界反应与自身调整的能力，就像是人的能力一样，是组织所表现出来的“行为”的能力，以及这种组织“行为”带来的结果，比如创造业绩、影响社会、战胜竞争对手等。它可以包括组织中人的群体，也包括了“身体”的神经、血液等传导、连接体，比如组织架构、体制、流程，还包括人的精气神，如企业文化。评估组织的能力是由内向外看的，而打造组织的能力是由外向内塑造的。

李健提到自己很欣赏足球教练马尔切洛·里皮在球队中打

造与运用“攻击群”的作战模式，极大地提升了球队的攻击力，这就是提升球队“组织能力”的典型例子。

人力资源管理的重心就是打造竞争所必需的组织能力，建立敏捷的客户响应能力、产品创新能力，增加营业收入、降低成本，从而提升组织盈利能力。

为了说明人力资源管理如何打造组织能力，李健举了两个例子。

第一个例子：增加营业收入需要具备的组织能力。比如通过建立流程、培训人员以便快速响应客户需要，使员工全心全意为客户服务，并维持紧密的客户关系。

为了增加营业收入，企业还需要具备将研发成果迅速转化为新产品并推向市场的能力，需要管理者识别与协调不同部门的核心能力并进行跨部门的整合。

第二个例子：员工管理需要具备的组织能力。一方面，体现在如何使员工在降低整体劳动力成本的同时实现企业业绩的增长，这就需要组织能够不断提升员工能力与个体产出，控制好人员规模的增长，实现人均效率与人均效益的提升。另一方面，体现在对关键人才的获取、培养、激励与保留上，因为关键人才是确保企业业务高效运作并稳定增长的中间力量。

李健认为，这些组织能力都要求 HR 的策略与业务战略高度一致，并且在企业逐步执行与落地业务战略时同步或提前塑造和提升。

②
组织能力提升的“抓手”

在开完公司的年度战略规划会议后，接着是各个部门的年度业务规划会议，徐亮也与集团全体 HR 同事召开了年度 HR 工作规划会议。

徐亮在会议一开始就提出集团 CEO 李健关于人力资源要帮助企业塑造与提升组织能力的问题，要做到这一步不仅仅是确定需要什么组织能力这么简单，更需要找到组织能力培育的“抓手”，通过持续运营，才能真正达到塑造与提升组织能力的目标。

大家围绕“塑造与提升什么样的组织能力”“如何塑造和提升组织能力”展开激烈的讨论，最终得出结论。下面列举几个集团旗下主打行业如何打造核心能力的“抓手”：

- 房地产行业要打造持续的行业竞争优势，通过对高端设计类人才的获取与保留，以及培养能“打硬仗”的项目经理队伍，提升产品的竞争力与管理好项目进度与成本。
- 家电行业要扩大在家电领域、全球的市场份额，HR 通过改进关键人才招聘工作效率与质量，以及做好关键人才的使用与保留，确保公司在国际市场上的竞争力。
- IT 行业需要通过打造在行业内具有特色的薪酬激励体系来吸引和保留核心人才，保持产品的竞争力。

• 零售行业在全国扩张的同时，通过完备的培训体系、有竞争力的薪酬福利措施，使员工不断成长并专注于提升客户体验，进而增加营业收入和持续强化企业文化。

……

总之，HR 就是要通过贴近业务，洞悉公司的业务战略意图，从而规划组织能力提升的方向，找到切实可行的“抓手”，通过持续运营提升组织能力，为企业创造价值。

3 “尾大不掉”的组织能激活吗

最近，徐亮和哲涛在讨论未来几年组织发展方面的问题。因为 TD 集团是一个成立近 30 年的企业，CEO 李健看出公司出现“尾大不掉”的问题，对组织的活力与效率深感忧虑，请徐亮拿出未来组织发展的解决方案，这涉及公司后续几十年的可持续发展。李健提出的命题是：如何有效地激活组织才能确保组织与业务的稳定性，不至于“大治大乱”？

徐亮希望能借助 HRBP 管理部及各事业部 HRBP 的力量，把组织激活的事情逐步开展起来。他先让哲涛的 HRBP 团队，以及负责组织管理的 HR COE（Center of Expertise，专家中心）同事方欣一起拟订方案初稿，然后再找他讨论。

于是，哲涛、方欣分别到几个主要的事业部进行调研，了解各级管理者与员工对组织现状的看法。大家普遍反馈的典型问题有：由于公司对人数的增长没有过多限制，导致每年人员增长较快而收入增长减缓，人均效益越来越低；大企业病严重，形成层层汇报的文化，流程冗长；老员工享受既得利益，渐生惰性；管理者割据一方，缺乏危机感，躺在温床上过好日子；新员工能力不足，生产能力低下……由此种种，造成组织活力不足，人才沉淀。

针对上述问题，哲涛和伙伴们经过充分的讨论后，制定了有针对性的方案：

- 严格控制人员规模增长，采用人均效率提升的方式来约束各下属经营单位的人员增长。
- 把人均效率提升指标作为事业部整体及事业部总经理的KPI。KPI 完成不好，会影响事业部整体及事业部总经理的奖金。
- 识别不同绩效层次的员工，拉大薪酬调整、奖金分配的差距，差异化地激励员工。
- 提高新员工招聘的标准，特别是严格约束在社会招聘中录用低端人才，鼓励招聘中高端人才，而低端人才主要从高校中招聘优秀的毕业生进行补充。
- 管理者每年按不同层级进行排序，排在末位的管理者降职或撤销管理职位。
- 鼓励老员工提前退休，企业给予一定的补偿。
- 建立 IT 审批系统，把例行事务尽量通过 IT 来审批，提高决策效率。
- 强化新员工导师制，加强新员工试用期的目标管理，员工转正需要答辩。

……

这是一套“组合拳”，徐亮对这个方案非常满意，还另外增加了两点：一是建立“内部人才市场”，促进人员优化配置与合理流动；二是推进互联网化的线上学习方式，以便更好地传达公司政策与信息，让员工更加灵活便捷地学习与提升。

这一套方案在公司的经营管理例会上进行了讨论并获得通过，成为公司未来几年组织管理方面的主要指导思路。

4 帮助组织实现权力下沉

地产事业部的HRBP文盛找哲涛沟通房地产的组织变革方案，他提到事业部的领导班子在业务会议上讨论了未来几年组织变革的方向，使组织取得更灵活、更能应对一线运作的效果，解放生产力，提高业务最小单位——房地产项目的综合运作能力。他们希望HRBP能够帮助他们提出一个组织变革的方案。文盛找不到思路，于是来找哲涛商量。

哲涛就是从地产事业部晋升上来的，所以他对地产事业部的情况比较了解。他沉思片刻说：“组织变革不是空穴来风，是基于经营诉求而定出来的，是把握客户的需求定出来的。搞清楚为什么做这件事情，以及做这件事情背后的原因非常重要，组织变革必须能抓住业务的本质。对房地产业务来说，其运作的本质就是项目，项目的成败影响公司的经营成败，房地产的进度、成本、质量目标是否能够很好的实现，关键在于项目的运作方式与运作效率。

“以往，地产事业部的组织运作还是以功能部门为中心的，比如设计管理部、工程管理部及营销策划部等，以后的方向就要从原来的以功能为中心转向以项目为中心，把权力更多的向下放、往外延，使项目总经理拥有更多的权力。”

文盛一拍大腿：“对呀，我们就从房地产项目总经理要把项目运作成功需要拥有什么样的责、权、利来思考组织变革的问题，目标是以项目为中心来运作。”

于是，两人在一起勾画了一个项目总经理的权力蓝图，总体来说是需要人、财、事三个方面的权力。

- 人的方面：项目总经理需要挑选项目的核心管理团队，需要对项目成员进行工作目标管理、绩效结果评价、项目奖金分配的权力。
- 财的方面：需要给项目总经理财务经费审批的权力，比如工程款审批、物料采购、备用金、业务报销（业务招待费、差旅费、行政费用等）。
- 事的方面：需要建立项目组织、建立项目管理流程、重要业务事项的审批权等。

列出了给项目总经理的授权范围，具体能够给项目总经理授权到什么程度，哲涛和文盛都拿不准，而这也是最难的，需要看公司领导层的决心、公司的流程管控的水平，还有地产事业部本身的需求与内部管理成熟度，但建立简单清晰的授权规则和高效的监管机制非常重要。

这样采用任务式的指挥方式，使决策权、资源进一步下沉，项目总经理将拥有更大的资源调配权与指挥权，能够灵活部署，捕捉市场机会，保持和利用“作战”的主动权，提升敏捷性，更能应对一线的市场变化、采取灵活的措施，促进上下游伙伴的合作。

地产事业部的组织变革，虽然只是迈出了一小步，但哲涛和文盛都很激动，毕竟方向已经明确了，好的开始是成功的一半。

5 建立“项目型+平台型”的组织

哲涛和文盛讨论过后一个多星期，文盛又过来找哲涛，说已经和事业部的领导班子讨论过以项目为中心进行组织变革的方向，大家都很认同。但是原来的职能部门怎么办，它们的转变方向是什么，大家争论不休，有不同的观点。有的认为职能部门应该尽可能地削减人员及权力，把资源和权力尽量给项目组；有的认为需要继续加强职能部门建设，只不过需要减弱管控职能，但需要加强专业支撑职能。

文盛感觉两者都有一定的道理，但如何给职能部门定位需要进一步理清，这涉及地产事业部后续组织变革的方向。哲涛也难以理清思路，他们一起去找人力资源总监徐亮商量。

徐亮听后笑着说：“大家的思考方向是正确的，这也是未来组织变化的一个趋势，就是建立‘项目型+平台型’的组织。‘项目型’你们已经领悟到了，但‘平台型’也是与项目型组织相辅相成的，两者缺一不可，就像一个人的两个拳头，只是哪个拳头为主（力量更大）而已，现在可能‘平台’为主，未来可能发展以‘项目’为主。”

什么是平台？徐亮举了航空母舰的例子：“平台就是航空母舰，本身不会打仗，但航母上面的舰载机可以，航母的规则是如何给舰载机提供弹药、加油，使其迅速起飞。平台型组织就是如此，通过整合各种资源，为业务线上的项目不断输送‘营养’与‘能量’，他们是支撑项目作战的。

“所以，如何更好地支撑项目作战是你们应该思考的方向，比如如何帮助项目提供更好的方案、如何培养更多的专家、如何更快速地响应项目提出的资源需求、如何使各项决策审批流程更高效、如何把部分职能部门的权力授予给项目、如何更好地整合资源帮助项目攻坚等，这里有很多子课题需要研究。

“我们集团未来也要逐步往‘项目型 + 平台型’的组织方向发展，地产事业部可以作为一个试点，所以你们帮助地产事业部做的这个探索很有意义。”

文盛不经意地问了一句：“既然这种组织类型这么好，为什么集团不早点发展这样的组织呢？”

徐亮点点头，说：“你的问题很好，其实没有最好的组织，我们在战略决策上寻找的其实是该阶段最合适的组织，人力资源要回答的就是什么是适合我们当前阶段及未来若干年发展的组织。不同时期面临不同的内外部环境和挑战，我们要动态地看待组织形态变化。

“现在是集团发展到这个阶段，而外部环境也需要做出这样的调整，比如客户的需求越来越综合化、复杂化，项目面临的场景越来越多，外部竞争越来越激烈，如果我们还是维持原来的职能部门为主的组织形态，必然会大大制约业务的发展，会削弱公司的竞争优势，所以我们必须发起新一轮的组织变革。”

⑥ 组织变革要保证“平稳过渡”

文盛回到事业部后，和事业部的管理层开了三次专项会议，通过讨论，大家设计出未来地产事业部如何建设“项目型＋平台型”组织的方案，并准备在月度集团经营管理例会上进行汇报。

最后一次的讨论，徐亮和哲涛都参加了，他们都很认可组织变革的整体思路，特别是根据不同的项目场景进行了不同的项目组织结构设计与资源配置；同时对项目团队的权力变化做了清晰的定义，对于项目如何调用平台的资源、平台组织如何快速整合与提供资源等都做了设计；方案中对未来平台组织上应该建立的几种核心的能力，以及组织运作机制都做了一定的论证。

细心的哲涛发现，方案中少了“实施”环节，他提出是否应该增加这方面的分析。

徐亮很赞同哲涛的意见，他认为组织变革方案一定要考虑实施落地的问题，否则就不是一个完整的方案。实施落地部分要包括组织变革的步骤与阶段性目标（要有具体的时间计划）、资源的安排、风险的评估等。

徐亮特别提醒一定要注意组织调整的节奏，不要所有的组织同时调整，要分步走，否则给组织带来的震动过大，可能会出现失控的局面。所以，他提出了“平台组织与项目组织不同时调整、上层组织与基层组织不同时调整、组织与干部不同时调整”的“三不”原则，同时提出“效率与效果、当前与长远、平台与项目”三者均衡兼顾的要求，以保证组织调整的平稳过渡和效果达成。

徐亮建议地产事业部在集团经营管理会议汇报前，要做好相关利益者的沟通，特别是出席会议的几位强相关的集团领导，比如集团 CEO、分管地产事业部的副总裁、财务总监等，提前收集他们的意见并对方案做出必要的调整，获得他们对方案的支持。同时，还应该征求 IT、法务等专业部门的意见，因为在后续实施环节会需要这些专业部门的参与，应该提前请他们识别一下风险，对方案进行完善……广泛征求意见的好处是减少自己的视野盲区，并获得更多的支持。

第四章
帮助组织提升绩效

1 在经营指标与人力指标间架起桥梁

不知不觉半年过去了，集团在推行组织变革方面初见成效，在地产事业部的试点也很成功，而哲涛管理的 HRBP 管理部领导着整个 HRBP 团队，也渐渐在集团建立了威信，获得了公司高层对 HRBP 价值的认可。

这一天，CEO 李健请徐亮和哲涛吃午饭，先是感谢他们在组织变革方面发挥的作用，同时他提出了一个新的问题——HRBP 如何能够在影响或推动组织绩效方面起到更好的作用？

李健说："HRBP 的工作归根到底还是支撑业务成功，而业务成功的最主要指标就是经营指标的达成。我认为，这方面只看经营指标是不行的，因为忽略了我们为了达成这个指标而投入的资源情况。

"公司的人均产出越来越低，因为行业的边际效益越来越小，我们必须在经营指标与人力指标之间架起桥梁，看到两者之间的关系。不能通过不断的人力增长或膨胀来实现业务增长，这是增长不健康或质量不高的表现。”

李健希望徐亮和哲涛能够设计出一个衡量组织绩效的指标体系，再通过一个机制牵引大家关注持续有效而健康的增长，最终达到业务继续较快增长，而人员数量保持稳定或小幅增长的目标，这样企业才能用更多的资源激励现岗员工，特别是绩效优良的员工，鼓励他们承担更多、提升效率、创造更大的业绩。这样公司才能在行业内保持人力资源的竞争力。

这次沟通后，徐亮和哲涛召集几个 HRBP 核心骨干开了一个头脑风暴会，大家讨论了现有人力资源管理指标有哪些不足，以及应该用哪些新的指标来管理，以达到牵引业务部门提高人均效率的目的。

目前集团对下属部门的人力资源管理指标还是通过编制管理，就是业务部门在年初根据当年经营目标的预测，提出人力资源的编制，经过人力资源部审核及公司 CEO 的审批付诸实施。这里最大的弊端是经营目标的不确定性、风险性，以及该经营指标与人员编制间的关系是什么。人员编制是按照什么逻辑计算出来的？增加这么多人是否合理？有的部门在经营目标不增加的情况下还有人员增加，而不是人员精简。

最关键的是业务主管的 KPI 里没有人力的指标（只有关键岗位人员到位率或离职率的指标），就是说业务主管不需要真正为人员的增减负责，只要实际人数不超过年初申请的编制就行，就算是用完编制了，写一个申请给 CEO，说明理由就可以获得审批，所以用多少人对业务主管没有压力，或者说没有切身利益关系。这样就造成了各个业务部门争着多要人，人多了好办事，能多实现一些经营指标。所以，人数越多，对其越有利。

前面的核心问题就是如何找到一个或几个合理的人力效率管理的指标，在不束缚业务增长的同时，牵引业务部门更精益化地用人；要把这些指标落实到各经营单位一把手的 KPI 中，形成利益牵动机制，才能真正起到管理导向作用。

缚住人员膨胀的“长缨”

为了解决 CEO 李健提出的问题，哲涛和 HRBP 们搜集了国内外标杆企业在人力效率管理方面的优秀实践，发现这些企业都是通过两类指标的相比关系来实现人力效率的管理。

一是人力资源的指标，主要有人数、工资总额、人工成本总额（工资总额 + 社保公积金 + 公司福利）。

二是经营性的指标，主要有销售收入、利润、净利润、毛利、生产产品数。

两者相比，产生多个指标：全员劳动生产率（人均产值）、人均销售收入、人均利润、万元工资销售收入、万元工资净利润、万元人工成本净利润、工资总额/净利润、人事费用率（人工成本总额/销售收入）、人工成本利润率（利润总额/人工成本总额）、人力资源投资回报率【（人工成本总额 + 利润总额）/人工成本总额】……基本逻辑是，要用“人加入之后产生多大的回报”来计量。

TD集团以往采用经营指标的绝对指标值（如销售额）或相对指标值（如销售额增长率）。但是人力资源效率指标一定是衡量效率的指标，表现为一种“人力资源的投入产出”。人力资源效率一定是一个分式，分子是各类与人直接相关的绩效产出，而分母则一定是人（部门、团队、个体等）。

再结合TD集团的情况，得出几个规律：

（1）经营性指标一定是对所属业务最有可变性、最具牵引性的指标，能够更客观合理地衡量该业务的增长本质，也符合公司牵引的方向，比如房地产行业牵引收入、医药行业牵引利润、物业行业牵引毛利、家电行业牵引产值等。因此，各个不同的事业部选择不同的指标，是有差异的；人力效率指标可以用一个或多个，甚至可以用减亏的指标，也就是改进率，因为减负了也会提供组织价值，比如减人、辞退不好的人、减亏、不出现劳工风险、客户界面良好就会产生正面的价值。

（2）业务部门可以从两个维度做变量：一是经营指标；二是人的指标。如果经营指标可变性大（弹性大），那么人的指标可以稳定不变或小幅增长（低于经营指标增长），就可以提高人均效率的指标，这样并没有严格约束人的增长。如果经营指标的可变性小（刚性强），就需要在人的指标上“做文章”，需要加大调整的力度。

（3）要看各业务部门的人力效率改进率，就是跟自己比。因为每个行业、产品的历史原因，个性化非常大，甚至不具有可比性，所以主要和自己比，如每年改进6%。鼓励用尽量少的人实现更多的产出，只要今年业务增长比人的增长速度更快，就有可能满足人力指标的改进。

（4）需要相关职能部门给业务部门提供基础数据的支撑，比如人力资源部门提供各部门的月度人数、人工成本总额，财务部门提供月度销售额，并监控各业务部门月度人力效率指标的达成情况。

（5）调整人的指标，越早越好。越早，年度产生的人工成本总额越小、越主动，时间越晚边际效用越小（因为涉及人员离职的补偿）。

3 帮助组织建立经营管理机制

家电事业部的HRBP韵诗最近遇到一个问题，事业部的总经理张杨最近提出一个问题，他觉得事业部似乎没有一种有效的方式来管理事业部及下属各部门的经营管理指标，目前经营指标的进展缺少过程管理机制。

张杨请韵诗想一想通过什么方式或建立什么机制使事业部内各项经营管理工作正常运作，一方面可以实现自我的驱动，另一方面更容易监控，而不是目前的人为干预和管理。比如张杨认为现在是哪里出问题了就直接插手，相关的部门或主管才临时汇报进展信息，这样经营管理的风险比较大，存在管理的盲区和漏洞。

韵诗很纳闷，她是HRBP的岗位，做的应该是HRBP的工作，张总提出的这些问题明显属于业务部门的事情，为什么不安排一个业务部门的主管牵头做呢？自己不是“狗拿耗子多管闲事”吗？她认为张总没有想清楚各人的责任分工。

于是韵诗约总部 HRBP 管理部同事兰洁一起吃午饭，聊了自己的不解与愁闷。兰洁听后，微笑着说：“这也是 HRBP 发挥价值的地方，是应该 HRBP 来做的。”

“凭什么啊？”韵诗嘟着嘴抛了一句。

“行了，别赌气了，我给你讲讲这里面的道理。”兰洁告诉韵诗，HRBP 应该从组织、人才、氛围三个方面来支撑业务的运作，发挥 HRBP 的价值，其中组织的运作是最重要的部分，是 HRBP 根据业务的需要，探索和构建符合业务当前需要的业务运作模式。然后推动和组织一把手与业务主管把机制建立与运作起来，达到支撑业务运作的目的，这其实是 HRBP 最大的价值，当然也是最难的。很多 HRBP 并没有意识到机制的构建也是自己应该“使力”的地方，是很有价值的工作“抓手”。张总希望韵诗做的，就是通过构建一种经营管理机制来实现对组织绩效的有效管理。

韵诗似乎有些懂了：“是有些道理。不过就这件事情而言，我应该怎么做，或者往哪个方向思考，我现在还是‘丈二和尚摸不着头脑’呢。”

兰洁沉思了片刻，想起了 HRD 徐亮曾经给大伙分享过例会的管理机制，说：“你可以通过分析家电事业部有哪几个重要的经营管理领域，哪些是张总最关心的，哪些是影响业务部组织绩效的，在这几个领域可以通过哪几个例会管理起来……”

韵诗接过话来：“有了，比如研发例会、生产部门例会、供应链例会、销售例会，及事业部内跨部门的经营指标分析会……”

兰洁回应道：“是啊，这些例会涉及的业务都是事业部的核心业务，会影响事业部经营指标的达成及运作的效率与质量。”

韵诗又跳起来了：“这么多的会议，我一个人哪能组织得过来，我又不是孙悟空会七十二变，我不得累死。”

兰洁看着韵诗快要哭了的可爱模样，轻轻拍了拍她的手背说：“这些例会不可能都是由你来组织的，你应该把它们分解给对应的责任部门，让负责这些业务的部门自己来运作。你只是帮助他们构建起这个例会的管理机制，具体运作是每个业务部门的事情。”

“那还差不多！”韵诗脸上“转阴为晴”。

“我认为你应该组织大家一起讨论出这些例会上需要讨论的具体内容，制定出常设议题及需要使用的工具模板，比如材料准备模板、会议纪要模板、遗留事项跟踪模板等，这样才能真正起到管理导向的作用。”兰洁继续为她出主意，这些都是她从徐亮那里学来的，“很重要的一点是，要明确例会管理的原则：一是风雨无阻地开；二是会上提出的问题要有决策；三是遗留的事项必须明确责任人和完成期限，在下次会议时要先审视这些内容是否已完成，直到其关闭为止。”

韵诗对兰洁的经验佩服得五体投地，内心也变得亮堂堂的。韵诗高兴地说：“下午我就把方案写出来，然后和张总沟通。好啦，我们吃饭吧，吃完午睡去，美美地睡上一觉。”

建设高效的 HR 流程

兰洁回到部门后，和哲涛谈起了韵诗的事情，哲涛很赞赏兰洁为韵诗提供的思路。他说："虽然 HRBP 不是很懂业务，但是 HRBP 可以帮助业务建设两个能力：一是业务运营能力；二是 HR 流程运营能力。"

说到这，哲涛故意停顿了一下，看看兰洁的反应。

"业务运营能力""HR 流程运营能力"这两个新名词一下子唤起了兰洁的兴趣，她看哲涛没有往下说，用小拳头击了一下哲涛的肩头："别卖关子了，快说。"

哲涛看吊起了她的胃口，就慢条斯理地说："业务运营能力就是你帮助韵诗解决的问题，就是形成一种管理机制，让业务部门自己把业务管起来，自动自发地管理业务的进展，有问题能够自行发现与解决，形成一种正向循环。

"HR 流程运营能力其实是我们服务业务部门，或者说给业务部门提供服务与支撑的效率与质量。比如业务部门提出紧急的人才需求，我们能不能低成本、高质量地完成人才的供给任务；业务部门需要给某核心岗位提升能力以满足客户的最新要求，我们能不能在短时间内通过合适的方式给员工赋能，使其尽快胜任工作；业务部门需要留住某些关键员工，HR 能不能提供快速、有效的解决方案并实施……

"HR 的流程运营能力提升，获取最大好处的不是 HR 本身，而是业务部门。HR 的流程运营商能力越强，越能对业务需求做出快速反应，甚至做好提前的能力储备，更好地帮助业务部门开展员工的士气激发、能力提升及激励驱动工作。员工的积极性提高了、能力提升了、激励到位了，自然会产生更高的绩效，也能促进组织绩效的提升，就像齿轮一样息息相关。”

兰洁点点头：“我们在流程运营方面确实还有很大的提升空间。”

哲涛说：“对，就像是汽车一样，我们要使 HR 流程运作的油耗损更小。如何才能做到油耗损更小？一方面是尽量把 HR 运营流程标准化，从业务来的输入信息能够迅速在 HR 流程内得到处理并输出给业务部门；另一方面是对业务部门提出的例外事情能够快速制定出个性化的解决方案，并且快速落地。这样我们才能通过高效的 HR 流程，帮助业务部门解决问题、创造价值，让 HR 与业务、战略结合得更加紧密。”

第五章
做好人员规模的管控

① 做预算为哪般

又到了一年一度的做预算的时候，这是公司财务部门和人力资源部门最忙的时候，通常会有两个月不断地加班加点。

HRBP 们对这个阶段既紧张害怕，又激动期盼，紧张害怕的是短时间内自己能否承受这么大的工作压力，能否完成今年新的挑战目标，激动期盼的是这样一个项目性工作往往会给个人带来经验上的积累与成长，个人会受益良多，特别是对于那些还没有参与过人力预算的新人，参与一次人力资源预算项目会给他们带来质的飞越。

哲涛把各事业部的 HRBP 召集在一起开会，首先和大家讲清楚做预算的意义，这样大家在后续工作中才能够充分重视并把握好方向。

“每个人先谈谈自己的看法，我们为什么要做人力预算?”

哲涛抛出问题。

地产事业部HRBP文盛首先发言："当然是为了匹配和支撑业务的发展，因为业务是需要人去做的，人员支撑到位了，业务才能运作。"

"对，这是一方面，还有其他原因吗?"哲涛环视了其他人。

"做好预算可以提前做好人才储备，前瞻性地开展人才获取工作。"家电事业部HRBP韵诗清脆的声音飘了过来。

IT事业部HRBP凌峰举手示意了一下："做预算通常是未来一年的，我们可以看到未来一年整体的需求，以及每个月的计划，这样可以更好地评估人员计划的合理性、与业务的计划是否匹配。"

哲涛看没有其他人发言了，就总结道："大家说的几点都不错。我再补充一点，做好预算可以从每个事业部的'小盘子'，以及整个集团的'总盘子'去看整体的人力需求情况，评估人员的增长是否合理，公司对人力的投资回报如何，同时也会从公司的可支付性角度考量。"

兰洁举手提了一个问题："如果大家对未来的人力资源需求看不清楚怎么办?"

哲涛说："要完全把未来几年的人力需求看清楚是不可能的，因为未来有太多的不确定性因素，但我们可以从目前确定性的因素及一些比较确定的假设出发，预测未来的人力需求。一般来说，半年的人力需求要'看准'，一年的需求要'看清'，2~3年的需求要'看到'。"

"我们的人力需求预测是滚动的，也就是说，先把眼前的几步路看清楚，远一点的地方看不清楚不要紧，只要方向是对的就可以了，继续往前走几步，后面的几步路就看得更清楚了……这样我们才能沿着正确的方向与路径完成目标。所以，不要害怕，只要脚踏实地，路远但必至。”

预算工作的“五步成诗”

在具体的预算工作中，哲涛要求 HRBP 按照如下步骤开展工作：

一是结合经营结果看，就是前面提到的经营指标与人力指标之间的比值，比如人均销售收入、人均利润、人工成本/销售收入等。

二是要建立去年的基线及今年的目标，今年的数据要在去年基线的数据上做一定的改进。可以去年的基线数据作为参考，比如去年的人均销售收入为 100 万元/人，今年如果改进 3%，则人均收入需要提升 3%，就是 103 万元；人工成本/销售收入为 10%，今年如果要在去年基础上改进 2%，则人工成本/销售收入的比例应该为 9.8%。当然，计算今年指标的前提是业务的经营指标数据能够预测出来。

三是按照今年的人力效率指标预测需要多少人。如果采用的是人均销售收入或人均利润的指标，今年的经营目标一旦确定，马上就可以算出需要多少人。比如预测今年的销售收入为 5000 万元，则人数为 5000 万元/103 万元 = 48.5 人（四舍五入为 49 人）；如果用的是人工成本/销售收入指标，则从人工成本/销售收入=9.8%，算出人工成本为490万元。这就需要再从人工成本折算回人数，比如每个人的人工成本是10万元，则人数为490万元/10万元=49人。当然这是简单的算法，因为不同层级的人的成本是不同的。哲涛要求HRBP根据每一层级的员工成本，计算出各种不同的层级人数的组合。

四是根据需求的人数，拆分到不同的月份应该有的人数，以及每个月份中这些人数分别分布于什么层级，就是拆分成人才结构的分布。这样的好处是便于做好人力规模的过程监控。

五是制定供给策略，就是从外部招聘还是内部调配来满足人才需求，这就进一步形成了人才补充的计划与渠道。

③ 建立弹性用工机制

根据公司的要求，TD集团这两年在提倡“弹性用工”的机制，这是因为公司及每个部门的业务都有一定周期的波动。业务高峰期时需要的人力偏多，而公司或部门的自有员工不足；业务低谷时不需要那么多的人力，又出现自有员工富余的情况。如果按照“峰值”去补充自有人力，必然会造成人力的浪费，因为业务必然会出现波动的情况。

徐亮、哲涛在研究了业务的特点后，提出“弹性用工”的机制，就是提倡业务部门测算出每年平均的业务量，按照不高于平均业务量的原则配备自有员工。因此，基于业务的历史情况，建立人力配置的基线标准很重要。

那么，业务高峰的时候怎么办呢？

徐亮、哲涛讨论后，认为可以通过两个机制来解决：

一是建立内部人才的资源池，从各部门或项目抽调部分人员进入公司的资源池，按照岗位类型对这些人员进行分类，并打上“资源池人员”的标签。

当有的部门或项目进入业务高峰期时（可能其他部门没有处于业务高峰期），就从资源池里调入人员，当高峰期过后，这些人员就重新回到资源池中，或去支撑其他部门或项目。通过这种方式，不把人固定到某个部门或项目中，就使人员得到了充分的利用，实现了内部用工的弹性。

二是使用外包，可以是劳务派遣或业务外包的方式。劳务派遣是中介机构成为员工的法定雇主，实际用人单位同中介机构签订人才派遣或租赁合同，用人单位只负责派遣员工的工作管理，人事管理则交由中介机构来做。

业务外包是指企业为了获得比单纯利用内部资源更多的竞争优势，将其非核心业务交由合作单位来完成，有利于企业利用外部技术与人才帮助企业完成部分非核心业务。

要建立弹性用工机制，需要区分人员需求的层级和结构，根据不同的用工类型进行成本、风险分析。总体来说，可以短期批量获取的是外包人员，是那些随业务量波动的人。

建立弹性用工机制需遵循一定的分析思路，先是从业务需求分析开始，然后到岗位需求，接着是对岗位进行分析，哪些是核心岗位、哪些是非核心岗位，从而进行弹性用工模式的设计。

④ 人才计划要例行化管理

资源池建立起来了，但哲涛很头疼，如何管理好资源池里的人才流动？因为几乎每天都有进出资源池的人，必须进行例行化的日常处理与维护，否则很难满足各部门与项目的人才即时需求。

因此，他想，必须成立一个专门的跨部门组织来管理人才的计划，否则这个资源池就会“昙花一现”……而人才计划管理应该采取多层级组织，由上而下进行计划的管理。

说做就做，哲涛把各事业部 HRBP 召集在一起开会讨论，让他们先在事业部一层内建立人才计划小组，小组成员由事业部内下一层部门的人员组成，指定一人来对接，部门主管作为责任人，对本部门的人员进出计划负责，事业部 HRBP 作为组织者。事业部内的人才计划小组每个月开一次会，一般定在每月第二天（以便有时间盘点上个月月底人数），就事业部内的人员在事业部内流动进行组织、协调与安排，使人才需求能够及时得到回应与满足，有富余的人力可以及时释放给其他部门或项目组。

那么，跨事业部的人才流动怎么办？

哲涛在每个事业部外又建立了上一层的人才计划管理小组，由各事业部 HRBP 作为对接人，事业部总经理作为责任人。而人力资源总监徐亮作为该计划小组的组长，哲涛与人力预算 COE 张龙分别为副组长，三人来组织、协调与安排跨事业部的人才流动。如果有例外的该小组不能处理的事情，则提交公司总经理来决策。

哲涛还对每一层级不同的角色在人才计划管理中的职责进行了界定，并制定了计划管理的流程。

这个计划管理的好处是，能够对各事业部、事业部内各部门的历史平均人力需求进行分析，通过与上一周期的计划执行对比，对下一周期的人才需求进行准确率分析与计划。这样就便于分析不同组织层级最优的资源配比，不断优化资源布局，探索适合的资源结构，并建立有效的资源管理机制对资源进行灵活调配，合理地进行资源布局。

经过一段时间的运作，出现了一个问题，就是业务部门为了把人留在自己的部门，方便业务有需要时可以高效地调用，因此把富余人力提交上来的积极性不高，导致资源闲置。

怎么办？哲涛挠破了脑袋，最终想出来一个办法，和徐亮沟通后一拍即合——对人员使用要“收钱”。业务部门把资源留在自己部门里，使用这些资源是要付出成本的，必须实现资源成本的结算，这样就涉及对资源的定价，不同层级的资源定价是有差异的，要实现资源定价信息的透明化。业务部门每使用这个人一天，就要支付这个人一天的成本。

那么，如何记录人才在不同部门工作了多少天呢？这个不能靠人工。哲涛又联合 IT 部门用了 2 个月时间开发了一套 IT 工作系统，能够支撑人才的定价，人才需求的提出、需求的接受，人员确定、人员报到、人员离开等信息的记录动作，这样人才计划管理工作终于走上正轨。

5 如何鼓励业务部门少用人

为了进一步促使业务部门用更少的人，鼓励业务部门提高人均效益，哲涛和人力预算 COE 张龙、薪酬 COE 冬梅沟通，提出了一个方案：鼓励业务部门“用三个人干五个人的活，拿四个人的钱”。

方案的主要内容就是每年根据人力预算流动给每个业务部门确定一个人员编制指标，这个指标作为基线，如果到年底的时候人数超了，超了几个人就仍然按基线人数发放奖金包（奖金包占公司总奖金包的比例与去年一样）；如果在这个基线上，人数减少了，减少多少人，仍然按基线的人数给予同样比例的奖金包。这样就出现了在基线基础上，你用的人越多，人均奖金包就越少，而用的人越少，人均奖金包越多。由此，利用利益驱动机制约束业务部门增加人员，而让他们有动力减人，用更少的人干更多的活。

三人与徐亮沟通这个方案后，徐亮也非常赞成。在向业务部门进行政策宣传的会议上，徐亮特别强调了人员精简的重要性，提出用人精益化，不要粗放化用人，因为这样只会使人数越来越多、人均效率越来越低，要通过提升人的能力、用能人，而不是多用人，来达到推动业务发展的目的。徐亮提出人员精简的效果通常不在当年体现收益，要到第二年、第三年才能体现这个政策的真正收益，因此要把眼光放长远。

第六章
为业务做好排兵布阵

1 先找到“牛人”

忙完年初的规划性工作，到了四五月份，哲涛终于有空到各个下属事业部走访考察了。

他先来到 IT 事业部，IT 是 TD 集团前两年新投入的产业，经过两年的筹备与投入，现在正处在上升期。事业部的 HRBP 凌峰是一个思维敏捷、喜欢新奇与挑战的帅小伙，平时总是眉飞色舞、笑脸常开，今天却是愁眉苦脸的。

“小帅哥，今个儿怎么啦?”哲涛打趣地问。

凌峰按了按太阳穴：“头疼啊!”

“你不舒服吗?”哲涛紧接着问。

“非也，非也，是招聘的事情让我很头疼……”然后，凌峰向哲涛说了自己的苦恼。由于 IT 行业是 TD 集团新进入的行业，属于战略性投入的新产业，在今年需要招聘 50 多位这个行业的中高级技术人才，还需要找2位行业的领军人物。

虽然行业内有几大巨头企业，但因为TD集团在这个行业的资历尚浅，凌峰打了一些陌生电话（Cold Call），大部分候选人（还是属于中低端的候选人）接电话后，听说这个职业机会后马上表示不会考虑。凌峰举步维艰，因为绝大部分候选人对TD集团在这个行业是否会继续投入感到不确定，担心职业风险，所以根本就不考虑这份工作。又因为这个行业人才薪酬普遍偏高，已经属于人才市场上薪酬最高的群体，要把这些人挖过来就必须付出更高的薪酬，而这又会导致TD集团内部薪酬严重不平衡。

“怎么办？大救星，给我支支招吧？”凌峰向哲涛双手一摊，一脸茫然的样子。

哲涛说：“别急，我先具体了解一下前期人才寻访的情况。”他仔细询问了凌峰前期是怎么找人的，发现凌峰是点对点地找候选人，而且是从低端或中端的人才找起。因为凌峰明显感觉到TD集团在这个行业缺乏品牌，所以底气不足，开始就找高端人才的成功概率更低。

哲涛沉思片刻说：“我认为这种从低端往上找人的思路是不对的，因为互联网这个行业的特点是‘牛人’的作用很大，就是领军人物对IT产品的创新与市场开拓作用是其他人难以替代的，一个人甚至顶100人。有的企业甚至因人设岗，为这个‘牛人’创设一个职位。因此，这样的人往往很有行业号召力，会产生追随效应……因此，我们应该先找到‘牛人’，用事业的发展前景吸引他，给他足够大的空间，同时也在未来的收益上给予充分的激励。当然，要招聘到这样的‘牛人’，集团的老总必须亲自去沟通和吸引，通过集团一把手的战略眼光说服这样的‘牛人’加盟。

“‘牛人’加盟后，你就不用担心其他中高级人才的事情了，因为他有丰富的行业人脉，又有行业号召力，自然有自己的渠道找到人。也许比你预想得要快得多，甚至他有可能把以前的团队都带过来。”

凌峰若有所悟：“你的意思是让我先不管其他普通岗位，集中精力把领军人物找到。”

哲涛拍拍他的肩膀：“就是这样，招聘要先抓住主要矛盾，主要矛盾解决了，次要矛盾就会得到解决。”

一个多月后，凌峰高兴地给哲涛打来电话，说已经成功找到一位行业的领军人物，这位“牛人”在现在的企业感觉遇到了天花板，正在寻求职业的“蓝海”，而TD集团雄厚的实力背景及CEO对IT行业的远见与坚定投入打动了他，他已经接受了公司的Offer。同时，他现在就开始着手筹备未来的团队，联系行业内的朋友及以前的同事，邀请他们一起加盟TD集团。

哲涛听着凌峰激动而兴奋的声音，也为他取得的成果感到高兴。

“骑马找马”的招聘之道

无独有偶，当哲涛到地产事业部考察时，HRBP文盛也遇到人才招聘的问题。地产行业的企业众多，文盛找了不少候选人，有的是主动投递的简历，有的是从招聘网站搜索的简历，面试了不少人，但都不符合需求。花了大量时间，收效却甚微。文盛感到很困惑，如何才能够高效地找到合适的人才。

哲涛对地产行业比较了解，同时也从事过较长时间的招聘工作，对招聘领域有独特的经验、心得，他建议文盛采用“骑马找马”的方式。

“什么叫‘骑马找马’？”文盛很好奇。

“就是你要找某个领域的人才，先要找到在这个领域内的人，通过他们再去找其他人。这个领域内的人就是‘马’。

“怎样找到第一匹‘马’呢？你可以先把目前招聘的职位列出来，针对每个职位，问自己有哪些人（这些人包括你身边的朋友、同事、应聘者等）可以帮助你推荐行业内的人选，然后你就可以先跟他们推荐的人选接触，接触之后再看他们是否可以推荐其他新的人员给你，你再去找新的人员……每次都把它作为一个线索，这种线索本身也会给你再提供新的线索，然后你通过这一层再找到下一层，这样就可以不断拓展人才寻访的渠道。

“这就像警察找线索一样，不断去寻找新的线索，然后去验证这些线索是否有效，不断把这些线索变成机会，直至达成交易。但有些线索不能转化成机会，这个没有关系，你只要不断摸索往前走，就一定可以找到机会。”

文盛对这个方法很感兴趣，不断追问一些细节，哲涛分享了自己以前操作过的案例。他还和文盛讨论了优秀的招聘人员应该具备的素质。做招聘工作一定要有想象力、行动力与应变力。想象力就是能够想到人才可能在什么地方，要大胆猜测；行动力就是去验证这个想法是否正确，冷静而大胆地行动，用行动驱动进展；应变力就是因时因地而变，随时根据形势做出判断，能够迅速调动与整合资源、灵活出击……

哲涛建议文盛制定一个人才推荐跟踪表格，就是针对每个职位找到的推荐者，然后通过已有的推荐者又去滚动推荐寻找下一层，不断往前推进和延伸，慢慢地就会使招聘渠道越来越开阔。招聘渠道不是一蹴而就建立起来的，而是不断通过行动验证，边前进边评估风险与成功率，不断刷新与变化的，不断往前推进，直到胜利。

哲涛最后总结：“招聘首先要使招聘信息在尽可能多的渠道内广泛曝光，而且是具有吸引力的曝光，然后将不断的行动作为驱动，通过行动找到更多的信息、资源。

“要记住，有行动才有进展，比如你多打一个电话、多发一条广告、多与一个行业人士沟通、多与一个候选人联系，就有可能催生出更多的信息和灵感，并得到更多的帮助，把招聘工作不断往前推进，从而进入良性循环。招聘工作最怕的就是停滞和等待，这样永远不会开花结果，世界上不会有坐享其成的事情，我们要获取确定性的成功。”

“多人面试”的奇特效果

文盛在招聘工作中发现面试官的招聘质量不高，导致入职的候选人条件不佳，部分人员不能胜任岗位或者总体素质较差，有的候选人短时间内由于文化不适应而离开。文盛正在考虑组织业务主管的面试技巧培训赋能，他认为是面试官的招聘技能不过关，迫切需要短时间内提高面试官的面试能力与水平。

哲涛赞成文盛组织面试官的培训，同时他还提供了另一种可以快速提高招聘质量的方法，就是多个面试官一起面试，而且最好是招聘该职位的业务部门主管及核心骨干。

“为什么要多人面试，部门主管自己面试不就可以了吗?”文盛很奇怪。

哲涛介绍了其中的缘由：“第一，我们每个人从出生之日起就在不断地和人接触，不断地识人。每个人都接触过不同类型的人，从这个基础上说，每个人都积累了自己独特的个性化识人经验。第二，由于背景、经历、个性的差异，每个人都有一定的识人偏见与盲点，某个面试官总有缺陷或遗漏之处，所以单个面试官面试决策风险比较大。第三，无论哪个职位，候选人入职后需要和部门里其他人沟通与合作，这些相关的人员对这个职位的素质模型有着不同视角的认识和理解，这个职位需要什么样的人来承担，这些相关人员都有一定的话语权，他们的意见都应该加以参考。

“多个面试官去面试，就是在多个面试官分别有几十年识人经验的基础上去甄别，而且是从招聘职位相关的多个角度去甄别，准确率和成功率自然会更高。这比你提升某个面试官的面试技能的效率高得多，效果也好得多，毕竟看人往往带着很多个人的主观因素，受其历史经验影响，这不是短时间能够轻易改变的。”

文盛很受启发：“我以后和业务部门沟通，建议部门内有三位同事来面试候选人，提升招聘面试与决策的质量。”

哲涛点点头，补充道："当然，对面试官的面试技能提升培训也是少不了的，采用现场演练与研讨的方式比较有效，要多用案例来说明，而不是仅仅讲解方法。"

三个月后，文盛通过在事业部内试点，发现这种多人面试的方式真的很有效。每个面试官都有自己独特的看人经验，比如第一个面试官看到面试者的这个优点与不足，第二个面试官能看到面试者其他的优点与不足，是第一个面试官没有想到的……正所谓"横看成岭侧成峰，远近高低各不同"。

大家从不同角度去解读，就把候选人看得比较全面了。如果大家都觉得好，那么这位候选人就是真的好；如果有人觉得候选人不合适，就提出自己的意见和依据，大家一起讨论，采用少数服从多数的方式决策。业务部门也对入职的候选人普遍比较满意，很快接受甚至主动推广这种面试方式，他们逐渐领悟了一个道理，在用人的问题上，"兼听则明，偏听则暗"，用集体的智慧来决策，风险是最小的。

纠正业务主管选人误区

文盛在组织业务部门招聘面试过程中，发现设计部倾向于选择个性外向的人，把团队合作性作为重要的考察指标，凡是他们觉得性格有些内向的人员都一概不通过。

文盛意识到这是有问题的，性格内外向也需要因岗而异，根据工作的场景而言，即使在同一个部门，也是有分工合作、互补配合的，并不需要所有人都是同一种性格类型。

于是文盛和设计部主管卢健沟通，建议重新考虑外向性格是否在设计部如此重要，以及是否对每个岗位都如此重要。因为设计部从事的主要是创造性工作，要根据这个场景来考虑要用什么样的人、不用什么样的人。

卢健听了文盛的建议，分析了设计工作的特点，他介绍：设计工作确实更多的是创造性工作，而创造性工作通常是由个体完成的，至少主体是个体，过程中可能会有群体性的沟通交流，但更多的是触发灵感。很多有设计才能的人，其实个性并不外向与开放，他们在团队内可以做专家，只提出自己的专业意见即可，而具体的对外沟通，比如与外部主管部门的沟通、与内部工程部门的沟通等，可以由人际交往能力、沟通能力较好的其他同事承担。

经过讨论，卢健同意对选人标准因岗位进行一定的调整，他感谢文盛对自己的提醒，让自己能够扩大优秀人才的选择范围。这让文盛认识到，辅导与帮助业务主管纠正选人用人方面的误区，也是为业务部门创造价值。

不同人才决策换来不同的结果。人与人是有差异的（包括品德、个性、素质、能力、经验等），这些差异导致了绩效差异，是影响人力资源管理结果和回报的根源，而 HRBP 可以帮助 HR 和管理者分辨这种差异，做出明智的人力资源决策，从而获得人力投资回报。

⑤ 开拓“人才供应”的思路

哲涛走访各个事业部后，发现各事业部的人才需求都很多，而 HRBP 们都是采用单一的外部招聘思路解决问题。这个思路限制了人才补充的可能性渠道，因为满足人才需求可以有多种渠道，比如内部调配（轮岗、提拔等）、招募实习生、业务外包、人才派遣（或人才租赁）、个人顾问服务等。

哲涛认为 HRBP 要转变思维，从更广的角度思考人才需求满足的渠道，所以他建议后续业务部门提出人才需求，不要再称呼为“人才招聘需求”了，而应该改为“人才供应需求”。“人才供应”这个概念在很多世界五百强企业很流行。

为什么用“人才供应”？就是让 HRBP 们跳出人才需求满足主要是来源于招聘这个单一渠道，用更广阔的视野与格局去思考人才需求满足的问题。

所以，哲涛和人力资源总监徐亮讨论，有必要给 HRBP 提供一个人才供应解决方案的框架（如表 6－1 所示），引导他们做系统性的思考，根据部门实际情况制定个性化的解决方案，并与业务部门根据此框架思路进行沟通。

表6－1　人才供应解决方案的思考框架

<table>
<tr><th>步骤</th><th>核心问题</th><th colspan="2">思考要素</th></tr>
<tr><td rowspan="2">1. 业务部门提出人力需求，HRBP分析人力需求</td><td rowspan="2">为什么需要人才，需要什么样的人才</td><td>（1）分析业务需求</td><td>业务战略出发点
业务规划
业务痛点分析
业务目标与运作对人才的需求</td></tr>
<tr><td>（2）分析人才需求</td><td>人才需要发挥什么价值
人才数量
人才质量
人才结构
人才进入节奏</td></tr>
<tr><td rowspan="2">2. HRBP提出解决方案，并与业务部沟通达成一致</td><td rowspan="2">如何高效率、低成本地满足业务人才需求</td><td>（1）人才满足策略</td><td>满足人才需求的具体策略</td></tr>
<tr><td>（2）人才解决方案</td><td>（1）满足渠道：
内部调配（轮岗、提拔、资源池临时调配等）
招募实习生
业务外包
人才派遣/人才租赁
个人顾问服务
人员技能提升（培训等）
（2）实施计划
时间安排
实施步骤
关键里程碑
所需资源支持
风险分析及应对</td></tr>
</table>

续表

步骤	核心问题	思考要素	
3. 方案落地执行与效果评估	如何支撑解决方案的落地执行，如何评估效果	（1）运作支撑	组织如何运作 人员如何执行 政策/流程/工具支撑 所需数据支撑
		（2）评估效果	质量是否达到要求 数量是否达到要求 结构是否达到要求 节奏是否达到要求

⑥ 做好人力资源的战略性投放

哲涛在审视事业部的人力资源需求时，还发现了一个问题，就是各事业部只考虑当前业务对人力资源的需求，没有充分考虑未来业务发展对人力资源的需求，而事业部 HRBP 在接到业务部门需求时也没有考虑这个问题。

探索事物结构是解决事物本质的有效方法。可以预见，遵循目前的人才结构配置很难满足未来业务发展的需要，因为人才结构决定了业务发展的程度。如果不提前做好人力资源的布局、人力资源结构的调整，业务的调整和发展只能是空中楼阁。

确定业务战略方向和目标后，要有破釜沉舟的勇气，往既定的方向上前进，什么都舍不得就难以聚焦，结果什么都做不成。要占领未来战略高地，必须首先攻占人才价值高地，提前储备与布局价值型人才，建立人才战略资源池，构建未来的战略人才优势。

因此，要根据业务战略的需要，做好人才的战略性投放。而人才的战略性投放本质就是管理好人才结构，就是投放什么样的人、把人投到哪里。

当然，人才结构是根据行业特性来决定的，不同的行业肯定有不同的人才结构需求，比如互联网公司就是高端的架构师加上大批基层编程人员。

哲涛和徐亮沟通后，提出一个方案在集团经营管理例会上讨论，并顺利通过。接着，哲涛下发通知，要求各部门在提交年度人力资源预算中，必须有一定比例（如3%~5%）的人力预算是投到未来3~5年的战略性业务中的，并且要把这些预算落实到具体的部门、岗位、层级、目标人选来源渠道，明确具体的到位计划，编入人才计划的月度例行监控，进行专项管理。

各业务部门接到这个通知后，还是有一些意见的，因为这在一定程度上对他们当前业务的人员投入有一定的影响（做当前业务的人少了）。徐亮和哲涛一起与各业务部门主管及HRBP开了一个沟通会，详细说明了公司这么做的出发点、战略意图、必要性与未来收益。

经过沟通，业务部门都接受了这个做法，因为他们知道这个人员投放策略影响着自己部门未来的业务发展，决定了本领域构建未来业务的竞争优势。所以，他们理解后都非常支持这个策略。

建立好这个机制后，哲涛长长地松了一口气，他意识到这件事情是 HRBP 对业务贡献的具有重大价值的事情，帮助业务做好战略性人力投放，竞争大未来。

看人要看价值点

这是一个炎热的夏日，徐亮到地产事业部开会，在有些场合，事业部的 HRBP 韵诗有机会和徐亮一起，可以近距离看看人力资源总监是如何工作的。

因为涉及各项会议及交流，韵诗需要介绍不少同事给徐亮认识，每介绍一个新人，徐亮都要多问几句，问清楚对方的岗位、现在的工作职责或在做的项目、以前的背景是什么（比如在什么地方工作过、是什么岗位、参与过什么项目）。然后徐亮会思考这和现阶段公司及事业部在开展的重点工作有什么关系，这些人员从中可以发挥什么价值。

在与事业部总经理、HRBP 及员工本人沟通过程中，徐亮会有意无意地提到这些人身上的价值点，让其他主管与员工本人清楚地知道这些价值点，然后请主管做好员工的工作定位、分工及工作规划，也让员工做好自我定位，聚焦核心工作，更好地发挥自己的价值，为公司做出贡献。

比如徐亮知道韵诗以前在外企参与过薪酬体系变革项目，便主动与韵诗沟通，提出她可以作为项目成员参与集团的薪酬体系变革项目，并现场与韵诗达成意向。

韵诗发现徐亮对人非常关注，特别是关注人的价值点，以及这个价值点如何与组织的需求相结合。韵诗很受启发，觉得自己作为 HRBP 也要有这样的思维，在与业务主管沟通的过程中，也要用这种思维去引导业务主管，让他们关注、了解员工的价值在哪里，如何发挥员工的价值。

除了对人的关注外，徐亮还花了不少时间了解业务的进展、痛点，以及业务部门对人力资源的需求。另外，徐亮还走到工厂的车间，走近基层员工，听一线员工的声音、听一线员工的故事，从这些最真实的故事讲述中，他捕捉最真实的员工工作、生活、心理状态，了解组织的氛围情况，从而思考公司人力资源政策方向是否正确、是否有效果、后续应该如何发展。

在离开事业部的时候，徐亮对韵诗说："我最喜欢到员工中去，去听一线员工的故事，就像能够闻到土地、草木的气息，这就是'接地气'。作为 HRBP，你更要和员工打成一片，要了解他们的所思所想、所喜所悲，这样你才能从正确的出发点提出人力资源解决方案。下次我见到你的时候，希望你能够给我讲讲员工的故事，以及你从中得到的启发。"

"好的，保证完成任务！"韵诗做了个俏皮的敬礼动作，两人相视而笑。在韵诗心中，这一天收获满满。

第七章
辅导新员工上岗

①
让新员工快速融入新环境

这是一个初春的清晨，IT事业部HRBP凌峰回到HRBP管理部的“娘家”，找兰洁沟通。最近IT事业部入职的新员工很多，凌峰请兰洁给新员工培训，希望她讲1～2门课。因为兰洁到公司五年多了，对公司文化与人力资源体系很了解，而且形象好、表达与沟通能力强、气质佳，一站到台上就超级有“范儿”，是集团春节联欢晚会的“御用”主持人，也是集团的“金牌讲师”，深受学员喜欢。

“请我讲课可以，但要先请我吃饭！”兰洁笑嘻嘻地说。

“没问题，能请美女吃饭是我莫大的荣幸！”凌峰也很配合。

午餐时，凌峰和兰洁聊起最近新员工入职的情况，说上个月就有十多个新员工入职，入职手续办理得比较顺利。但新员工到了业务部门后，受到了不一样的“待遇”：

- 有的员工入职当天，由于部门主管外出见客户，没有把接待新员工的事情委托给其他同事，所以部门员工竟然不知道有新员工报到，结果新员工很尴尬地在前台等了很长时间。
- 有的主管和新员工聊了几句，就将新员工晾在一边让他看资料。主管和身边的同事由于在准备一个新项目的投标，忙得无暇顾及新员工。新员工入职快两个星期了都没有事情做，新员工无聊至极，感到不受重视，有点想离职了。
- 有一个新员工到了快一个月了，还不认识周边部门的同事，因为没有人带他去认识其他部门的人员，也没有一份公司的通讯录，感觉自己就像在一座“孤岛”。
- 有一个新员工，刚入职当天，前任和她交接了一天的工作，把所有材料交接给她后，第二天就到别的公司上班了。前任已经是别的公司员工了，需要求助或请教时不方便，也很别扭。

……

兰洁很惊讶新员工入职后遇到的问题竟然这么多，她说：“新员工是新鲜血液，也是我们花了很多精力才招聘到的，怎么能这么轻率地对待，业务部门也太不重视了！”

凌峰叹了口气：“是啊，我正愁着怎么解决这些问题呢。我们有责任帮助业务主管做好新员工的入职辅导工作，但我认为归根结底责任还是在业务主管身上。”

“说得对，业务主管是第一责任人。”兰洁坚定地支持他，

“我们讨论一下如何扭转或改善这个局面吧。”

午饭后，两人经过两个多小时的沟通，认为最重要的是加强主管对新员工入职辅导的重视程度，建立导师制，使各项新员工入职辅导工作规范化、例行化。他们讨论出以下解决方案：

一是制作《新员工指导手册》与《新员工主管指导手册》。

《新员工指导手册》是对新员工而言的，目的是让新员工在短时间内了解公司的概况、各项制度流程、沟通与求助渠道等。具体内容包括：

- 公司的基本信息（如公司发展历程、主要行业及产品、组织结构、主要部门介绍、主要管理层人员、企业文化、CEO寄语等）。
- 人力资源政策与制度、财务管理制度、IT管理制度。
- 员工通讯录。
- 入职手续的办理。
- 内部沟通与求助渠道。
- 新员工常见问题解答。

《新员工主管指导手册》是对新员工主管而言的，目的是让主管知道自己在新员工入职报到及组织融入、胜任工作方面应该做哪些事情。内容包括：

- 新员工入职前后的主要困惑及案例。
- 新员工入职前的准备（如温馨提醒、邀请参与部门工作之余的活动等，提前进行组织融入）。

- 如何做好新员工入职报到工作（如座位安排、文具领取、办公室参观、同事介绍、名片印制等）。
- 如何与新员工进行第一次沟通。
- 如何为新员工确定试用期绩效目标。
- 如何给新员工开展业务知识、业务流程的培训。
- 如何给新员工配置导师及导师的职责。
- 如何为新员工建立工作沟通网络。
- 如何组织新员工答辩。
- 如何帮助新员工解决工作、生活中遇到的困难。

二是开展新员工培训，新员工主管及导师培训。

新员工培训之前已例行开展，但可在培训流程和内容上做一些改进。比如邀请几位前期入职的新员工（分别为入职一个月、三个月、六个月的新员工）与新员工座谈，把他们如何熟悉与融入环境、上手工作的经验分享给刚入职的新员工。

新员工主管及导师培训是新增的，主要是通过案例演练的方式，让主管及导师理解新员工的主要困惑，围绕让员工融入环境与胜任工作的目标，掌握需要开展的关键动作，比如业务知识培训、试用期绩效目标沟通、转正答辩等。

三是做好具体运作支撑工作。

包括例行跟踪新员工主管、导师与新员工月度沟通的完成情况（以抽查方式），半年度优秀新员工、优秀导师评选，组织新员工转正答辩等。

②
建立新员工“必学必过课程”

凌峰在组织各部门开展新员工辅导工作过程中，遇到技术部的主管马宏。这个部门的新员工最多，马宏非常重视新员工的辅导工作，他说：“新员工在刚来的三个月，学习意愿、积极性是最高的，学习效果也是最好的，这是打好业务基础的黄金时间窗，错过这三个月，也许就再也没有机会弥补了。所以，我认为要充分利用好这三个月，必须让新员工打好未来三年工作的业务知识基础。”

马宏组织部门核心骨干讨论，并根据部门业务需要梳理出五门基础业务课程，作为新员工入职三个月“必学必过”的课程。他要求部门各业务模块的组长，用一个月的时间编写出这五门课程的培训教材（其中两门课程时长 2 个小时，三门课程时长 4 个小时）和考试题目。

马宏安排这五门课程分别由部门内各模块主管作为讲师来讲授，并制作成在线课程，新员工可以通过网络学习，但必须在入职一个月内在线学习完，然后安排每门课程的讲师做线下一个小时的答疑。线上学习与线下答疑后，新员工还可以根据实际工作中遇到的问题随时向讲师提出问题并获得解答，但必须在三个月内完成五门课程的考试。

新员工方欣已入职三个多月，并通过了所有课程的考试。他感慨地说：“我们部门的新员工都不轻松，可以说很紧张，因为我们要在这么短的时间内完成课程学习和考试，还要熟悉工作。但我们感觉备受重视，部门主管和模块组长都很重视我们的成长，帮助我们尽快上手工作，而且学的东西都是对工作有用的，是必须掌握的知识。虽然我辛苦了三个月，但非常值得，打好基础，后面的工作就容易多了。”

技术部培养出来的新员工，周边部门都非常认可，特别是对政策、流程的熟悉程度。有的新员工工作四个月，同事还以为他们已经入职两年多了。

通过实践的检验，凌峰认为技术部的做法取得了非常好的效果，把它作为典型案例在事业部内宣传，并推动其他部门也建立“必学必过”课程作为新员工打好业务基础的基本课程，从而把新员工辅导工作做得更扎实到位了。

新员工 Quick Win 计划

最近有个别新员工提出离职，或者新员工转正答辩结果不理想，业务部门提出解除劳动合同的申请。凌峰觉得非常痛心和遗憾，毕竟这些新员工都是自己亲自面试招聘的，有的员工还是凌峰在面试中感觉非常不错的。

带着疑问，凌峰和离职新员工进行了离职沟通，这几个员工都反馈了一个问题，就是不知道试用期的目标是什么，工作没有方向，在工作中找不到自己的价值。

新员工陈珊说：“如果主管能够告诉我试用期应该做好哪

几件事情，以及衡量的标准是什么，那么我会觉得很踏实，并围绕这个目标努力。事实上，我的主管从来没有和我沟通试用期三个月达到什么目标和成果，我心里没底，工作中被不同的事情牵着走，没有工作重点。”

凌峰总结这是因为业务部门在新员工试用期绩效目标管理方面没做到位，而目标管理的前提是做好新员工的职责、应发挥价值的定位。凌峰认为自己需要引导业务部门做好试用期的绩效目标管理工作。

于是凌峰与业务主管沟通，当部门有新员工进来时，需要专门与他们沟通岗位职责、希望他们发挥什么价值，进而制定出试用期的 Quick Win 目标（快赢目标）。凌峰还做了一个表格模板，需要业务部门和新员工沟通后填写，双方签字确认，里面有“试用期 Quick Win 目标（建议三项以内）”“衡量标准”“月度进展”“主管月度沟通纪要”等内容。

这个表格内容是需要新员工在转正答辩时进行自我陈述的基础内容，也是业务主管评定其试用期答辩成绩的基础。无论是员工还是主管，都无法推脱他们在新员工试用期中的责任。凌峰通过流程与机制，把新员工试用期的绩效目标管理工作有效落地。

善用新员工的能量

某天下班后，凌峰路过会议室，发现运营部的一位新员工陈宁在给运营部整个部门的同事讲课，他很好奇，就和运营部部长打了个手势，示意是否可以进去听一下，运营部部长点点头。凌峰听了才知道，原来运营部请陈宁讲一下他在原来的公司是怎样做运营工作的，因为他的前一个单位是IT行业排名前三位的公司，该公司在IT行业运营领域的经验非常值得借鉴。

由此凌峰得到一个重要的启发，新员工有着独特的价值，特别是他们刚开始加盟的时候，在还没有被本企业的文化与思维同化前，更是有着不一样的能量与创新力，可以给企业带来新的经验、资源、信息，这些非常有价值。

凌峰认为这个点子可以在业务部门推广一下，这样能够更好地发挥新员工的价值，新员工也更有成就感。凌峰具体规划了以下几个方面：

- 邀请新员工分享原行业、企业的实践经验，以及以前工作中有借鉴意义的成果和做法，特别是来自标杆企业的新员工更需要深度挖掘。
- 请新员工帮忙提供原行业、企业的人才信息，帮助推荐优秀人才，企业可以给予人才推荐奖。
- 请新员工推荐以前合作的客户、供应商或其他合作单位的联系信息，这对于对外联系比较多的业务部门（如销售部）更有价值。
- 请新员工承担与原工作经验密切相关的项目，比如某员工从事云计算相关的工作，其入职后可以优先从事该领域的工作。

凌峰把自己的建议提供给业务部门，得到业务部门的高度认可，认为这是挖掘和发挥新员工价值，激发新员工积极性与创造力的好办法，于是各部门纷纷自动自发地付诸实践。

由于凌峰在新员工管理领域的实践给业务部门带来了价值，他也获得了集团年度 HR 最佳实践奖。

5 能力是在战场上练出来的

公司新招聘了一批知名院校的应届毕业生，分配给各个部门。其中，文盛所在的地产事业部就接收了不少毕业生。看着这些毕业生纯真稚气的脸，以及对未来有着无限憧憬的眼神，文盛想起了自己刚毕业时的模样。不过那时候刚到一家小公司，要慢慢摸索、积累经验，不像他们一毕业就到 TD 集团这样的大企业，有这么好的平台。

文盛做了一份毕业生的培训计划给事业部总经理李成审核。李成看了，皱着眉头思考。

“这个计划有什么问题吗？”文盛不安地问。

李成说：“你把毕业生入职后的三个月时间都安排在事业部总部各个部门实习了，这些部门的职责更多是制定流程、审核材料，以及协助做一些业务决策，但一线的项目场景在总部的环境下是感受不到、接触不到的。这不利于大学生的成长。

“我曾经在电视节目上看到老鹰训练幼鹰飞翔，给我留下了非常深刻的印象。老鹰抓住幼鹰急速冲天，然后在高空中把幼鹰摔下，让它挣扎学飞。等到幼鹰失控时，老鹰急速飞近把幼鹰抓住，向上飞翔盘旋后又把幼鹰摔下迫使幼鹰学飞……如此反复，幼鹰终于学会了自由自在地飞翔。我们也要借鉴这种方式让毕业生快速得到成长。

“你让毕业生花大部分时间在一线项目中锻炼，让他们体验复杂的一线业务场景，感受市场的压力，以及内部经营管理的压力，但更要从基层烦琐、紧张的工作中做到沉静、耐心与细致，了解一线的业务存在什么问题，回到总部工作才能够知其然，而且知其所以然。否则他们就像盲人摸象，只是靠想象的场景工作，这样会给以后工作带来很大的隐性风险。”

文盛问：“一个月时间放在总部，两个月时间放在项目如何？”

李成回了一句：“可以，但在总部的时候，让他们在四个业务部门分别实习一个星期，了解一下全业务流程并熟悉各个部门的同事。”

李成又问文盛：“你是怎么考虑他们的岗位工作安排的。”

“每个业务部门都做了毕业生的规划，规划的岗位大部分都是在总部各个部门，只有少数被派到一线的项目中，大约是20%的比例。”文盛翻着自己的笔记本回答，上面记着各部门的人员需求。

“这不行！”李成斩钉截铁地说，“在总部工作，只是这些业务部门主管为了减轻自己的工作压力，但是对毕业生的成长、人才培养是不利的。温室里成长起来的花朵日后怎么能够经受风雨，能力是在战场上炼出来的，不是在温室里培育出来的。”

“我们要求各个业务部门调整一下比例，改为50%派到项目中去。”文盛试探地问。

李成想了一下，说："要把 80% 的毕业生放到项目中，20% 留在总部，而且这 20% 一年内也必须派出去。我们要给毕业生打仗的机会，通过打仗才能积累经验，磨炼出真本领。"

接着文盛和业务主管们按照事业部总经理的要求，重新做了人员规划，然后把这个计划在毕业生入职培训会上进行公布。毕业生都很高兴，他们都渴望有机会到一线去看看地产项目是怎么运作的，都想在实战环境中体验与锻炼自己的能力。

看着他们兴奋的模样，文盛想："是啊，他们充满朝气与活力，一定要让他们在最具激情与活力的实战场景中磨炼，让他们快速成长，尽快能够独当一面。"

第八章
提升在岗员工的绩效

❶ 做好绩效管理价值巨大

又到了一年的年初，HRBP 管理部的程挚组织各业务部门进行 HRBP 的年度工作需求调查工作。调查结果收集上来后，发现以下三点排在前三位：

一是帮助业务做好员工的绩效管理，提升员工的绩效。

二是人力需求的及时到位。

三是帮助员工发展，如职业发展通道建设、任职资格体系建设。

程挚没有想到绩效管理竟然排在了第一位，他心存疑问：为什么业务主管会认为绩效管理如此重要呢？他给几位业务主管打电话了解具体的情况。

业务主管 1：“部门经营管理目标的完成是我最关注的内容，因为关系到部门的绩效和我个人的绩效，而部门的经营管理目标又是与部门每一位员工的绩效息息相关的，所以我希望HRBP能够帮助我提升员工的绩效，以便更好地达成部门目标。”

业务主管2：“我觉得员工的很多方面都可以管理好，比如人员的招聘、培训、激励等，但唯独员工的绩效管理难度很大。我不知道从何处入手，我需要HRBP给我提供专业的方法指导。”

业务主管3：“公司在做绩效管理调查的时候，我们部门总是得分不高，我也不知道哪些方面没有做好，希望HRBP能够帮助我找到根本原因，让我知道如何改进。”

业务主管4：“我希望能建立一种机制，能够推动我和部门员工一起提升绩效，从而更好地完成部门的绩效。”

程挚从上述主管的陈述中，体会到业务主管是很清楚员工个人的绩效工作与部门绩效及主管本人绩效的密切关系的。但他们很迷茫，不知道应该如何提升员工的绩效、员工绩效不佳的根本原因是什么、怎样才能帮助员工提升绩效。所以，主管需要HRBP辅导、帮助他们提升绩效管理。

绩效考核应该看什么

程挚还抽查了部分业务部门主管对员工的年度考核评价，他看到如下评语：

- 员工甲收到好几次周边部门的邮件表扬。
- 员工乙天天加班，吃苦耐劳。
- 员工丙工作态度很好，综合素质也不错。
- 员工丁经常帮助领导做一些额外的工作。
- 员工戊做的这个项目虽然失败了，但过程中很努力，付出很多精力。

程挚看了直皱眉头，认为这些理由都不是真正的绩效结果，这些只是现象，而非本质。

这些现象误导了业务主管，使其对员工的绩效评价结果不客观，因为真正的绩效应该是员工在其岗位上对组织做出的价值或贡献。

如果员工的某些行为不能真正给组织带来价值或贡献，那么就是无效的行为。比如表扬信、加班、帮领导办理一些私事、项目失败等，都可能没有给组织贡献价值，而工作态度和综合素质等内隐的因素离贡献价值比较远，更不能称为组织贡献。所以，业务主管要透过这些表面现象，评估员工给组织创造的真正价值是什么。

程挚召集绩效管理 COE 李应龙，以及几个事业部的 HRBP 一起分析和讨论这个问题。他们认为业务主管在做绩效评价时存在很多误区，迫切需要纠正。于是他们组织了一场对业务主管的绩效管理培训。

在培训中，大家通过讨论，明确了看绩效要盯着该岗位的核心价值贡献点，有没有起到该岗位在组织中应有的作用。

但是，绩效评价又不能只盯着这几个点，还要看到更广泛的、非这个岗位所覆盖的灰色区域——岗位以外的事情，而这些事情也是能够给组织带来贡献和价值的，只不过是超越了员工所在岗位应有的价值贡献而已。

绩效评价要有更广阔的视野，不仅看到眼前的绩效，还要看到中长期的绩效，以及组织长久运行所需要的机制，比如分实基础管理、建立流程等，这些工作也许不会立竿见影，但是其作用会慢慢体现出来。

3 绩效管理水平低，低在哪

在培训会议上，部分主管也提出了不清楚自己的绩效管理工作哪里做得不好的问题。绩效管理 COE 李应龙给业务主管们发送了一份“绩效管理关键动作自测”的问卷，问卷涵盖了四个绩效管理环节（绩效目标制定、绩效辅导、绩效考核、绩效反馈）的关键动作。比如绩效目标制定环节包括以下关键动作：

第一，沟通部门业务目标。

- 向员工解读本部门的业务目标，并对部门目标进行分解，落实到每个岗位上。
- 向员工提出明确的该考核周期的绩效期望。

第二，审核员工绩效目标。

- 员工的绩效目标是否体现了公司及部门业务的重点。
- 员工的绩效目标是否与其层级、岗位职责相匹配。

• 目标设置是否符合 SMART 原则（Specific——明确的、Measurable——可衡量的、Attainable——可实现性的、Relevant——相关的、Time-based——有时限的）。

第三，与员工沟通绩效目标。

• 绩效目标是否已经涵盖了岗位的关键职责。

• 对绩效目标中的工作重点、优先级、评价标准沟通达成一致。

• 对如何完成绩效目标的思路与方法进行沟通。

• 对后续审视绩效目标进展的周期与方式进行沟通。

第四，与员工签署绩效目标，形成书面文件，双方各持一份。

业务主管们做完自测问卷后，脸上都显出惭愧的神情，可见很多绩效管理的关键动作都没有做到位。当这些动作没有做或做得不扎实时，无疑难以提升部门的绩效管理水平，不能很好地管理好员工的绩效，员工对部门的绩效管理水平的评价也不高。

找到了症结就好办了，后续要做的就是把这些绩效管理的关键动作落实好、做扎实。不少业务主管反馈会把这个自测问题的清单打印出来，贴在自己的办公桌上，以便随时提醒自己。

一个被忽略的群体

为了进一步分析绩效管理工作的不足，找到提升的方法，程挚组织各事业部 HRBP 抽样对员工进行了访谈，了解他们对部门主管的绩效管理能力与水平的看法。

在访谈中，很多员工反馈自己的考核主管是 Team leader，通常是某些业务模块的组长。这些组长承担着辅导、带领普通员工工作的职责，但他们往往不被视为考核主管，因为他们不是正式的管理者。

在开展考核的时候，业务部门主管通常会征求 Team leader 对下面基层员工绩效评价的看法或建议，然后在此基础上给出绩效评价结果。

所以，这些 Team leader 才是员工心目中真正的考核主管，他们与员工日常密切接触，每时每刻都在沟通，这些人对员工的影响力更大，影响着员工的直接感知。他们如果不懂得如何辅导员工、帮助员工提升绩效、做好员工的沟通工作，组织绩效管理能力的提升就是缘木求鱼、空中楼阁。组织不能忽视这部分群体的存在，他们的绩效管理能力提升影响着大量基层员工的绩效。

于是程挚和同事针对这部分群体开展了针对性的培训与辅导，帮助他们提升绩效管理的意识，掌握绩效管理的流程和方法，以及在日常工作中如何落实绩效管理动作。在培训中，运用案例讨论或演练的方式，让这些 Team leader 切身体验并看到绩效管理做得好的标杆。

以往 HRBP 们只是把部门主管作为提升绩效管理能力的主体，认为部门绩效管理能力不佳，问题就出在部门主管身上，从来没想到还会有另外一个“隐性”的影响群体。通过这件事情，HRBP 们深深地认识到，我们不能坐在办公室里想象一线是什么样的，要深入一线，走进基层，用自己的眼睛去看、用自己的耳朵去听、用心去感受，去发现真正的原因在哪里，去寻找真正的答案。

5 什么样的绩效结果反馈最有效

为了进一步了解业务主管开展绩效管理关键动作的情况，程挚跟着旁听了几位主管与员工的绩效结果反馈，发现了对比鲜明的两个例子。

例 1：

主管甲打电话请员工到他的办公室。员工刚坐下（还没坐稳），主管甲就直奔主题："这次你的本年绩效结果是 B（合格），原因是你的业务指标完成得不好，没有达到预期的目标，在客户关系管理方面也有需要提升的地方。你回去思考一下，看以后怎么改进提高，争取下次有更好的结果。好了，我们就沟通到这里，你还有什么问题吗……（只停了 2 秒钟，员工还在思考中）如果没问题，你帮我去叫下一位同事进来。"

整个谈话过程，员工没有说一句话，只是被动地接受结果。当他在整理思路，想表达一下意见的时候，绩效反馈沟通已经结束了。主管急着找下一个人沟通，以便尽快完成沟通的目标，员工只能灰着脸悻然离开。

例 2：

主管乙主动走到员工的座位旁边，问员工是否有空，请他到办公室沟通一些事情。员工跟随进来就座后，主管乙递上小瓶装的矿泉水，请员工先喝水。

然后，主管乙请员工根据自己半年的绩效目标，回顾一下工作达成情况，对组织的主要贡献在什么地方，以及哪些地方没有达成目标、原因是什么，如果重新做一次，自己会如何做。同时，主管乙请员工谈谈下一阶段的工作计划。在此过程中，主管始终是引导的角色，让员工充分表达，并对一些问题进行重点的追问和澄清。

等员工说完后，主管乙试探地问道："基于你的绩效完成情况，以及给组织的评价，如果让你给自己这半年的绩效做一个评价，你会给自己什么结果（S表示优秀、A表示良好、B表示合格、C表示需改进、D表示不合格）。"

员工沉思了一会说："A可能达不到、B+有点勉强，而C是不可能的，所以我认为B是比较合适的。"（该员工的绩效结果刚好也是B，可见员工对自己的绩效是有较为合理的评价和认知的。）

主管乙微笑着说："你对自己绩效完成情况的分析已经很深入了，和我对你的评价大致相同。我再做一下总结和补充，你完成得比较好的工作及对组织的贡献主要在这几个方面……你完成得不太好的工作主要在这几个方面……我建议你从这几个方面改进……基于上述情况，经过部门的初评，以及公司的审批，我们给你的绩效结果为B，希望你以后继续努力，取得更好的绩效。"

员工就主管的评价提了一些自己的想法，主管也和他进行了良好的互动沟通。其中，有意见一致的，也有不同意见的，但主管都很平和地与员工进行有理有据的沟通与交流，最后双方达成一致。

接着，主管乙与员工就下一阶段的绩效目标进行了沟通，先是介绍了部门的业务目标及对员工所在岗位的期望，明确了下一考核周期的几项重点工作，希望员工拟写下一个考核周期的绩效目标，并且一周后来找自己沟通。

45 分钟后，员工走出主管办公室，脸上带着微笑。员工很感激主管对自己的尊重，并且让自己充分表达了意见，他也接受了主管的意见与建议。

程挚发现，在这两个场景中，虽然员工获得同样的绩效（B），但沟通的结果、员工的感受却有着天壤之别，这值得主管们深思。

一是如何体现对员工的尊重，让员工有充分表达的机会。

二是要创造双向沟通的环境，而不是单向的信息传递。

三是反馈的内容要有理有据，让人信服。

而总的目标就是帮助员工清楚自己的工作目标是什么，以及工作中有哪些不足，从而找到持续提升绩效的目标。

为了让更多的主管从中得到启发，程挚决定把这两个案例发给其他主管，并且在后续收集更多的绩效管理案例，作为对业务主管的赋能培训的内容。

第九章
助力员工的能力提升

1
“胜任力”是个好抓手

最近哲涛一直在考虑一个问题，不少业务主管都希望HRBP帮助自己提升员工的能力，但能力提升的“抓手”在什么地方？因为能力很广泛，提升哪些方面的能力才有用呢？而员工能力提升的最终目标是员工能够提升绩效，帮助组织提升绩效，帮助组织成功。

刚好这个周末有一个人力资源的论坛，哲涛有一个习惯，只要有外部HR的沙龙、研讨会、论坛，他都尽量参加，从中吸取外部新的管理理念、理论与方法，他相信“他山之石，可以攻玉”。当你被一个问题困扰已久，难以走出谜团的时候，让自己暂时抛开这个问题，放松身心，接受外部信息的刺激是很好的办法，也许从中就能得到灵感。

在这个论坛中，一位讲师突然提到“胜任力”这个词，并介绍了它的内涵。“胜任力”包括个人的知识、技能与内在特征（社会角色、自我概念、特质和动机等），它具有可通过行为表现衡量、与工作绩效密切相关、能够区分优秀绩效者与普通绩效者、与工作情景相关联、具有动态性等特点。

“胜任力”这个词像闪电一样穿过哲涛的大脑，他苦苦寻觅的正是它，它是区分优秀绩效者与普通绩效者的关键因素。组织的培训赋能正是要提升员工的胜任力，使员工由普通绩效者发展为优秀绩效者，而胜任力正是这里起关键作用的“抓手”，是嫁接个人绩效（知识、技能、其他内在特征）与组织绩效的桥梁，是把个人发展连接组织成功的桥梁。

哲涛又顺着思路思考下去，我们就是要以提升员工的岗位胜任力为出发点开展培训赋能活动，短期内也是以“胜任力是否得到提升”来衡量培训赋能是否有效，长期是以“组织绩效是否得到提升”来衡量培训赋能是否有效……想到这里，哲涛心里像明灯一样亮堂堂的，像蜜糖一样甜蜜蜜的。

基于场景的培训赋能

地产事业部总经理李成安排 HRBP 文盛组织一次管理层及骨干员工的培训赋能会，目的是提升大家的客户关系管理能力与项目管理能力。

李成给文盛提出的要求是：

- 不要做理论性的培训。
- 不要让一个讲师在上面讲，要让大家都来讲。
- 要讲实战场景中的故事。

文盛感觉总经理的要求很新颖，不同于以往的培训模式。与部分主管沟通后，文盛提出了“基于实战场景的培训赋能”，组织的要点如下：

- 每个部门推荐有成功或失败案例的员工 3 人进行分享；
- 每个人准备 1 页 PPT（最好不用 PPT，用的话最多 1 页）；
- 每个人只能讲 10 分钟，严格控制时间；
- 每个人讲的内容：“讲故事 + 核心观点提炼”。

大家收到这个通知后，感觉耳目一新，竟然还有这么简洁的培训方式，可以不用费心地准备材料了，而且现场还可以“听故事”，大家都很期待这次培训赋能会。

会议现场，就像找到了引爆点一样，异常火爆热烈。每个人讲的都是原汁原味的实战故事，短小精悍，引人入胜。听众就像一次又一次地喝一小盅不同风味的好茶，或不同品种的美酒，每一次都有不同的感觉，欲罢不能。

结果全场引爆，不仅选出的代表分享故事，会场里其他员工也踊跃发言讲自己的故事，大家都收益良多。文盛都不敢相信有如此好的效果，这种培训方式真是太棒了。

会后，文盛和几个组织者一起复盘分析：为什么这次培训效果会这么好，还有什么值得改进之处。讨论的结果如下所述：

一是培训赋能的场景就是实战的场景，这是大家感兴趣的首要原因。因为这些场景是大家很熟悉或切身相关的，在这些场景中提出的解决问题的方法能够迅速得到应用、复制或移植。

二是由实战中的人来亲身说法。大家其实不喜欢讲师在上面告诉自己“在这种场景下，你（听众）应该怎么做”，而喜欢讲师在上面讲述“在这种场景下，我（讲师）是怎么做的，而且成功了，或者是失败了”。听众会根据讲师的讲述，联想到自己在类似场景下应该怎么做。

三是用讲故事的方式去赋能。讲故事的方式形象生动，大家都喜欢听，而且容易理解和传播学习。

大家还总结了后续如何进一步优化这种培训赋能方式：

首先，把这次大家讲述的故事形成文字版的赋能材料，也就是采用“故事+核心要点”的方式来编辑，要突出每个故事中的亮点。

其次，持续开发更多的典型“小场景”，把这种“小场景”下的解决方案开发成小型的“作战指导书”。“小场景”积累多了，可以进行场景分类，“小场景”组合形成“中场景”“大场景”系列。

最后，在培训赋能的时候，除了用PPT，还可以用照片或视频。因为照片和视频更直观，更有冲击力，但这些照片或视频必须是实战场景中的内容。

文盛提出了一个移动互联网时代的热词——迭代，他认为这种培训赋能方式就是员工的实战经验的不断迭代，大家都认同这种说法。

移动互联网速度变化太快，快速迭代的学习方式非常适用。移动互联网时代需要的就是快速反应、快速应对、快速实践、快速调整，以快制胜是移动互联网思维的最佳体现，微小改进，快速迭代，以互联网手段收集一线作战人员的反馈，迅速改进产品、流程与作战方式，从而赢得市场与客户。

③ 用互联网的思维培训赋能

公司最近在推广互联网思维，提倡用互联网的方式做客户营销。互联网思维不仅可以应用到外部客户层面的沟通，还可以逐步体现在内部员工层面的沟通上。比如公司最近在利用“微信运动”，让员工灵活组队进行运动竞赛，用具有趣味性的方式来增强员工的体质，提升组织的活跃度，营造良好的氛围。有的部门把很多小型的员工之间相互关爱的活动在微信上传播，在短时间内掀起一个个小高潮。公司内的各种网络社区也逐渐成立起来。

皓枫对互联网比较感兴趣，他向哲涛提议：“我们也可以考虑用互联网思维开展对员工的知识传播与能力提升工作，互联网传播的特点是传播快、碎片化、即时性、随时随地、视频化（可视化），我们可以利用互联网这个工具，让员工随时随地获取实战中所需要的知识、经验。

“现在大家都很忙，很难抽出整块的时间（如2～3个小时）

聚在一个地方参加培训，这个方式覆盖率与效率都很低。应该转变为短平快的、分散式的学习，非面对面培训，特别是移动网络学习可以随时随地进行，覆盖面更广、效率更高、效果更好。”

哲涛觉得这个想法非常好，但他认为这样的学习需要经过规划、组织与推动，才能形成随时学习的氛围。两人通过头脑风暴，想出以下点子：

- 要呈现一线工作的实战场景的经验（比如地产行业的项目管理、客户关系管理经验），可以用微视频（现场场景或实战演练）或“作战手册”的方式呈现。
- 包装一些大V与“网红”，营造“引爆点”，比如采用大咖短视频讲话、采访问答或与网络听众互动问答的方式，使高层的战略思想能够得到及时传播。
- 把员工日常工作的经验心得及时传播到网站上，使员工之间能够相互交流，这是一种相互激励、自我激励的方式。
- 建立社区并开发移动手机版，使员工能够通过网络互动求助与交流。

皓枫说：“通过这些传播方式，我们要实现三个目的：即水平传播（同一层面的传播，比如同类岗位、同类问题的经验移植）、垂直传播（从高层到基层，或从基层到高层的思想、信息流动）和迭代（实现产品、方案短时间内不断优化升级，比如一个方案出来后，经过若干人的补充完善，多次迭代形成越来越趋向完美的东西）。”

哲涛也很有感触，现在的学习不像以前那样，学和玩是分开的，学习就是学习，玩就是玩，两者之间的界限相对明确清晰，从情境来看是相对静止且固定的。未来的学习方式，学和玩可能是结合在一起的，在学中玩，在玩中学，而且是处于流动状态的，就是在信息洪流中，随时可以舀一瓢上来。

皓枫还介绍了自己最近看的著名的未来学家、趋势专家丹尼尔·平克的《全新思维》，里面提到：我们已经从左脑时代转向了右脑时代，因为现在人工智能逐步代替我们的左脑。我们更依赖那个善于想象、善于创造、善于图像化思维的右脑，右脑的开发程度就变成了未来一个人真正竞争力的重要“抓手”。为了更好地迎接这种趋势，未来人才最需要的六大能力叫作“三感三力”（三种感觉和三种力量）。“三感”是指设计感、娱乐感和意义感，“三力”是指故事力、交响力和共情力。

哲涛很受触动：“三感三力”也应该逐步成为我们未来推动员工学习的趋势与特征，让我们的培训赋能方式更有设计感、娱乐感和意义感，同时具有故事力、交响力和共情力。

“我们任重而道远啊！”哲涛感慨道。

有参与感、互动感的学习

为了让员工保持自我提升，跟上行业及公司发展的步伐，公司最近也在倡导员工多读书，特别是公司领导推荐的与行业发展趋势相关的，以及对公司内部经营管理有启发的好书。但如果只是给员工推荐一个书名，或者发纸质书给员工，其实真正去读、把书读完的人寥寥无几，因为每个人都被浩如烟海的信息包围，能够安静读书的时间与空间都变得如此奢侈，很多人一年都不能完整读完一本书。

根据对互联网思维下的学习提升方式的启发，哲涛与皓枫运用了一种新的方法来促进大家读书，就是用微信读书的方式，让每个部门的人组成一个团队，大家一起通过微信读公司推荐的书，或者是读同事间相互推荐的书。

通过这种方式，每个人在微信读书上可以看到其他同事在读什么书、读书的时长及读书的心得，还可以相互点赞和评论。这样一来，大家读书就变得更有意义和更有动力了，因为身边的人都能看到自己的进步。

哲涛和皓枫还向公司中高层管理者征集书单，经过筛选后形成公司的推荐书单，推荐员工优先阅读清单上的书籍。

这样就不是一个人在学习，而是群体在学习，就不会感觉单调，反而觉得有趣、有挑战、有互动。当和身边的人看同一本书，大家都发表自己的看法，就形成一种迭代，从各个角度对一本书进行剖析，这样大家的收获是最大的。以前是个体或小群体的学习，现在是社群化的学习，是在相互分享、获得中共同进步。在这个意义上讲，分享就是获得，谁愿意分享，谁就会成为成长最快的人。

这种学习方式也是有奖励的，不仅微信读书本身有书币奖励，公司对于完成一定的读书量，或者读完某几本指定的书也有奖励，并在内部通报表扬，从而在公司内部形成一种良性的学习氛围。

这种互动、参与式的方法在读书学习上的成功应用，后来又被哲涛和皓枫应用在跨部门或跨团队的项目合作上，或者产品、方案的创新或优化上，效果也非常好，因为这种方法可以形成层层迭代、螺旋向上的自我优化。

5
“涓滴效应”：渗透式能力提升

徐亮发现公司的基层管理者群体的管理能力较弱，请哲涛组织这个群体的管理能力提升的培训活动。哲涛盘点了一下，集团基层管理者有300多人，这么多人很难在短时间内覆盖，怎么办？是找一个大的酒店大厅甚至一个球场作为培训场所，把这些人一次全覆盖，还是分批开展培训？如果分批培训，每批多少人，要多少次才能完成覆盖？每一次都费神费力，这项工作就会被拖很久。

哲涛很苦恼，琢磨了几天也拿不定主意，最后他决定和徐亮沟通一下。徐亮听完哲涛的讲述后，站了起来，走到哲涛身旁，拍拍他的肩膀说：“能力提升的事情，心急吃不了热豆腐啊！”

他接着说：“你听过我们国家改革开放之初，邓小平同志提出让一部分人先富起来，先富带动后富，最终实现共同富裕的发展目标吗？”

哲涛点点头，不过他很纳闷：“这么久远的事情，和自己现在做的事情有什么关系呢？”

徐亮看出哲涛的心思，倒了一杯水递给他：“且听我慢慢说来……能力提升工作不能追求大而全、一口吃成胖子，一次性把所有的人群都覆盖了，这样的质量是很低的，覆盖面和质量是成反比的。我和你讲一个理论，你就更容易明白了，这个理论叫作涓滴效应。”接着，徐亮向哲涛介绍了涓滴理论的来源与含义。

这个术语起源于美国幽默作家威尔·罗杰斯（Will Rogers），在经济大萧条时，他曾说：“把钱都给上层富人，希望它可以一滴一滴流到穷人手里。”

涓滴效应又叫渗漏效应、滴漏效应、滴入论、垂滴说，也称作“涓滴理论”（或利益均沾论、渗漏理论、滴漏理论），指在经济发展过程中并不给予贫困阶层、弱势群体或贫困地区特别的优待，而是由优先发展起来的群体或地区通过消费、就业等方面惠及贫困阶层或地区，带动其发展和富裕，或认为政府财政津贴可经过大企业再陆续流入小企业和消费者之手，从而更好地促进经济增长的理论。

徐亮说：“人力资源工作也可以应用涓滴效应，就是先把一部分人的人力资源管理水平提高，这部分人的管理思想与做法、好的管理行为会一滴一点流到管理水平不高的人群，使他们的管理水平也得到提高。”

从高层到中基层、从优秀员工到普通员工，都存在涓滴效应。因此，管理工作在不能全面铺开的情况下，先覆盖与发展局部人群，再逐步延伸推广到其他人群。

这也是我们要推行一个新政策、新变革或重大项目时，先选择“试点”，把它做成功了，然后再逐步往前推进、扩大覆盖范围的原因。

哲涛已经领会徐亮的意思了：“所以，这次培训，我们要先覆盖小部分人群，先充分保证培训的质量，把这部分人培训好了，他们会把新的管理思想与行为带到所在的部门或团队中，然后点点滴滴地渗透到其他人群中。”

徐亮听了，赞赏地翘起大拇指，然后问了一个问题：“你觉得是先把某个事业部的所有基层管理者覆盖了，再覆盖其他事业部的所有基层管理者，还是从各个事业部选一部分基层管理者先做培训呢？”

这个问题有点难，哲涛低头沉思了一会，说：“我认为应该从各个事业部各选一部分人员比较合适，因为涓滴效应会流到各个事业部，而不是只在一个事业部，它形成的效应会更强大。”

徐亮爽朗地笑起来：“很好，你领会得很到位，那么我们来商量一下具体怎么开展这次培训吧……”

⑥ 人才的“奇点”

这一天，哲涛看到行政部部长吴君在一张桌子前面，对着一张图出神，时而咬着笔杆，时而挠挠脑袋，时而摇摇头……哲涛凑过去好奇地问：“吴部长，在发愁什么呢？”

吴君看到他，伸手把哲涛拉到身边：“来来来，你帮我参谋一下，如果在我们这个楼层建一个小型咖啡厅，你觉得什么地方比较合适？”

“建咖啡厅？”哲涛很好奇，他突然想起前段时间去附近的一座写字楼考察 IT 事业部时，那里已经建了一个咖啡厅，有不少同事在那里边品咖啡边低声交谈，他还闻到了一股浓郁的咖啡香气，当时他还在心里嘀咕："这不是浪费工作时间吗？"

吴君让哲涛赶紧给一个意见，哲涛指着一个走廊旁的空间说："这个地方比较合适。一方面，和各个办公位都有一定的距离，大家在这里喝咖啡交谈不会影响其他人，而且处于中间位置，从各个办公位走过来的距离都不长……这个地方离办公室门口也不远，方便工作人员运送物料、清洗杯具等。"

吴君用手里的铅笔在图上画了一个小圈，说："不错，就是这里。太好了，你帮我解决了大问题，太感谢了！"吴君兴奋地握着哲涛的手。哲涛的手被他握得有些疼，想抽却抽不出来，只能腼腆地笑笑。

"不过你得告诉我，为什么公司要建咖啡厅？"哲涛问。

"方便大家交流思想，碰撞出智慧和灵感。"吴君不假思索地说，又补充了一句，"这是集团 CEO 说的。"

"喔，这样啊。"哲涛若有所悟，但又领会得不透彻，他慢慢地走回自己的办公位。徐亮的办公室就在旁边，哲涛看到徐亮办公室的门敞着，就走进去和徐亮聊起公司建咖啡厅的事，并且说出了自己的疑惑："咖啡厅有这么大的用处吗？"

徐亮说："我知道这件事情，在集团的经营管理例会上讨论和决策过，CEO 李健给我们讲了一个道理后，大家举手全票通过了。"

"哦，什么道理？"哲涛很感兴趣。

"关于奇点，还有蜂房的组织——其实我到现在还是不太明白，还需要进一步了解和思考，但觉得是有道理的。"徐亮继续介绍道。

作为"宇宙学的奇点"，大多科学家认为它是宇宙产生之初，由爆炸而形成宇宙的那一点。它具有所有物质的势能，而这种势能正是由大爆炸而转化为宇宙物质的质量和能量，我们可以想象，奇点是一种没有固定形状的、没有体积的不可思议的存在。奇点是无形的，在某一点上宇宙奇点的这一势能平衡被打破，于是偶然的能量便不断地转换为物质，经过若干年形成宇宙——物质与能量的共生体。

在美国未来学家雷蒙德·库兹韦尔的理论中，奇点是指人类与其他物种（物体）的相互融合。确切地说，是指电脑智能与人脑智能兼容的那个神妙时刻。

在咖啡厅里，人与人的思想、智慧的碰撞与交融就会有奇点出现，思想与智慧的交流会不断转化为能量，被大家应用到工作、生活中。

奇点就是人与人的知识、智慧彼此结合，无边地生长，形成一种循环往复的运动、一种亚文化。这就像一个蜂房，蜂房的“居民”是志趣相投的思想家，成为“奇点人”。

在“蜂房式”的组织形态下，人才在组织内外进行信息的交互，独立工作与集体工作的转换。蜜蜂出去采蜜，相当于个体的劳动，自由度比较大，可以飞去自己喜欢的地方，选择自己喜欢的花，以自己的方式采蜜，然后回来贡献与交流。这时蜂房的作用就体现了，飞出去的时间是自己采集、酝酿的时间，而回蜂房的时间是相互交换、贡献的时间。在个体的活动与集体的活动中，保持一定比例的平衡，对组织和个人来说，就会不断产生创造力。

哲涛觉得虽然自己不能完全理解，但这个理论很奇妙。哲涛知道徐亮也不能完全理解，但可以想象到，当自己端着咖啡杯和人交流的时候，醇厚浓郁的咖啡香气似乎把自己和别人带到了一个奇点中，思想与智慧再次得到碰撞和升华，也许这就是世界与人类的奇妙之处。

7 实现经验的快速共享与复制

地产事业部总经理李成最近在考虑一件事情，就是如何把那些做成功的地产项目管理经验复制到其他区域、项目，实现能力与经验在全国范围内的快速共享与移植，以便逐步提高公司在地产行业的项目成功运营能力，提高市场竞争优势。他在事业部的月度例会上抛出了这个问题，并请 HRBP 文盛去跟踪与落实这件事情。

这是一项全新的工作，文盛心里没谱，就向哲涛请教。哲涛把前期自己和皓枫做场景式培训赋能，以及基于互联网思维的培训赋能经验分享给文盛。文盛从中受到启发，只是苦于没有找到一个良好的“抓手”去做这件事情。

哲涛建议：“你可以在公司的 IT 平台上新建一个社区，专门用于地产行业项目管理经验的分享，可以按照地产项目的运作流程分为投资阶段、规划阶段、设计阶段、施工阶段、销售阶段、运营阶段，以及全流程的管理，让对不同阶段有运作经验的管理者与员工把自己的经验总结成案例，在社区上宣传。”

文盛听到这里，已经摩拳擦掌、跃跃欲试了：“我还可以在每个领域里发掘一些优秀的标杆，如优秀设计经理、优秀工程经理、优秀策划经理等，把他们的优秀经验以‘展播’的方式宣传出去，优先用微视频的方式到现场拍摄，比如在工地现场、会议现场、产品现场等，让观众有身临其境的感觉。视频原则上不超过五分钟，采用这种短平快的宣传方式，相信会取得很好的效果，也可以做一些网页的海报、横幅'吸引眼球'。"

哲涛的思维也被文盛激活了，源源不断地贡献好点子："你还可以让地产事业部的总经理、副总经理、各部门经理等现身说法，讲公司的战略思考、讲自己的经验，这样既有由下而上的宣传，又有由上而下的宣传……'大佬们'发声，员工肯定愿意听。对了，这个栏目可以叫'大V谈地产项目运营'或'大咖谈如何打赢地产项战（项目战，采用巷战的谐音）'！"

"太棒了！太棒了！"文盛兴奋得拍手，"现在我们的地产项目有很多有创意的策划书、设计方案、项目管理方案等，也可以放到平台上让大家学习，这样更加原汁原味，只要隐去一些敏感信息就可以了。"

哲涛稍微冷静一些，他提醒："除了创意与内容，你还要考虑如何运营这个平台，比如要组建一个运营项目组，把事业部的高层、业务部门主管、IT部门人员都放到这个项目组里。然后做一个运营报告，用赛马的方式，让各个区域相互比赛，看哪个区域发布的帖子最多、点击量最多。你定期排名，发一些奖励，大伙的热情就更高了。"

哲涛还推荐了最近看的书——《零售的本质：7-Eleven便利店创始人的哲学》。这本书特别讲述了7-Eleven的创始人铃木敏文如何把传统的加盟连锁模式打造成一个具有互联网基因的共享经济平台，一个休戚相关的命运共同体，一个相互依靠的生态系统。

哲涛特别欣赏书中提到的实现协调合作的6个共享化的原则：共享观念、理念和思想，共享具体目标和目的，共享顾客，共享信息，共享系统，共享经营成果。书中还提到“共享是互联网精神最本源的东西，资源的价值不在于拥有，而在于使用，只有使用才能体现资源的价值。”

哲涛说：“员工的经验也是如此，经验的价值不在于员工个人拥有，而在于把它共享给更多的人，让更多的人可以使用、移植、复制这个经验，才能体现出这个经验的价值。”

“听君一席话，胜读十年书。”文盛双手抱拳告退，准备回去大干一场了。看到他这副模样，哲涛忍俊不禁。

三个月后，哲涛看到文盛等人搭建起来的地产行业项目管理经验的 IT 分享平台，海报上的 Slogan 非常振奋人心——“为地产精英们搭建航母作战平台”。首期是事业部总经理对该平台上线的寄语视频，以及缔造最成功住宅项目、荣获国内数项大奖的某地产项目总经理于海峰谈该项目成功运营的秘诀。首次就推出重量级的分享，引爆了这个共享平台。

在接下来的半年多时间中，各种经验分享如雨后春笋般层出不穷，大家都已经习惯了每天到平台上看最新的信息，吸取他人经验的结晶。通过平台，地产事业部的项目运营管理能力上了一个新台阶并不断发展。

第十章
辅导干部上岗，提升干部管理能力

❶ 干部主要来源于内部提拔

最近半年内，TD 集团已经有两位中层干部离职。一位中层干部入职还不到一年，因为不适应内部的文化、管理方式，或者承受不了过大的工作压力；另一位中层干部也面临着下课的风险，因为入职八个月了，没有有效的管理思路与举措，业务停滞不前。

这几个案例摆在集团人力资源总监徐亮的办公桌上，这让他焦虑不已。这几个人都是他亲自面试的，可以说是经过深入考察的，都有过硬的职业背景与行业经验，为什么一到新环境就使不出力了呢？

徐亮盘点了过去五年外部引进管理干部的记录，发现一个规律，这五年集团共引进 50 多位中层高管理干部，其中超过 50% 都“阵亡”了。目前留在集团内的，持续取得高绩效的干部不到20%。大部分持续为组织创造高绩效的干部还是从内部提拔起来的，特别是那些从基层一步一个脚印成长起来的，成了公司的中坚力量，遇到行业变化的困难时刻，往往是这些内部子弟兵稳住了大局。

徐亮召集几位核心 HRBP 向他们了解业务部门的干部情况，也得出同样的规律，子弟兵干部的价值远远大于“空降兵”。大家反馈，那些在内部成长起来、根扎得深的干部最受员工欢迎，因为他们了解公司的历史业务背景，也了解一线员工的实际情况，往往能够做出最符合实际业务的决策。当有空缺的干部岗位后，从内部员工提拔最能激发员工的工作积极性，让广大员工看到职业发展前景，而从外部引进“空降兵”会打击员工的职业发展热情，让他们看不到希望。

同时，HRBP 们也提出，有些高端人才的引进对组织非常有价值，就是行业某领域的领军人物，能够给组织带来革命性的变化。比如某些技术牛人，他们有的担任管理职务，如家电事业部研发中心的总经理、互联网事业部运营部的总监。但大部分的外部高端人才引进，能够起到较大价值的更多是高端专家。

经过分析，专家岗位主要是针对技术、事情本身，受人的因素，文化、机制的因素影响较小，可确定性比较大。作为管理干部，面临对文化的深层次理解、与高层的沟通方式、对团队的管理、内部管理机制的适应性等多方面挑战，其中的不确定性要大得多，所以不胜任管理岗位的风险也大大增加了。

徐亮反思道：“我们的用人策略，是否是管理干部岗位主要从内部提拔，而高端专家则侧重从外部招聘？有一个例外，就是公司战略性投入的新业务，内部完全没有相关产业或行业背景的人选，就需要聘请行业领军人物。”

徐亮又分析了数家国内外的标杆企业，也发现了同样的规律。这些企业很少直接引进外部人才担任管理职位，除非是个别领军人物。大多数情况下，他们更倾向于提拔内部人员担任管理岗位，保持组织发展的稳定性与经营结果的可确定性，同时通过此方式激发内部员工的职业发展积极性，打开内部职业发展通道。

徐亮把内外部管理干部的历史数据，对标杆企业的分析，结合与 HRBP 们的讨论、与部分干部的访谈，提出新的干部任用思路，在集团经营管理会议上进行了专题讨论并获得通过，从而确定了后续干部任用的基本方针——“干部主要来源于内部提拔”。

怎样衡量干部“好不好”

徐亮接下来要回答的问题是，如果干部主要来自于内部选拔，那么干部选拔的标准是什么？这个问题影响重大，因为后续所有的干部选拔工作都要以此为“纲”，成为干部选拔的“准绳”，代表了公司的干部培养的导向，更代表了 TD 集团干部身上体现的主要“气质”。

如何制定出合适的干部标准？徐亮仔细思量后，认为需要从那些优秀干部的标杆身上找答案。于是，徐亮组织哲涛等事业部 HRBP，请他们在各自的领域中识别出大家公认的优秀干部，共 22 人，然后分别对干部的上司、下属、同僚进行访谈。访谈的问题是："以某某干部为例来说明，你认为好干部需要符合什么标准?"被访者对这个问题非常感兴趣，而且身边有可参照的对象，他们能够直观、具体地说出自己心目中的标准。

综合了大家的反馈，HRBP 们整理出了大家心目中的好干部的标准：

- 具有管理能力。
- 具有实战经验。
- 持续绩效优良。
- 品德优良。
- 思想先进开放，可以带领团队更加进步。
- 实干，可以激发团队创造更大的价值。
- 能站在全局的立场为公司考虑。
- 是员工学习的榜样，可以服众。

徐亮认为这个标准全面地反映了 TD 集团的优秀干部的模型。但人无完人，如果要求这八条都达到，可能很难选到合适的人选。所以，徐亮在这八条里定义了前四条是必选的标准，就是必须达到的标准，如果这四项达不到就不能够被选为干部；后四条作为可选的标准，就是在前四条都达到的情况下辅助参考的标准，符合标准越多的人员能被优先提拔。

徐亮和 HRBP 们又围绕这个标准建立了《干部考察表》。每次选拔干部前，都需要参照该标准对干部进行 360 度评分，并且有访谈记录，以便干部选拔有据可依、公正客观，形成了规范的干部选拔机制。

③ 管理者要会管理“不确定性”

家电事业部的一位管理者让 HRBP 韵诗很抓狂，就是生产部的主管雷鸣，雷鸣有什么特别之处呢？

在做绩效考核时，韵诗把部门的绩效考核的强制性比例分布发给雷鸣，雷鸣看到 C 的比例有 5%，马上暴跳如雷，并回复韵诗一封很不客气的邮件——“为什么会有 C 的比例？我们今年已经淘汰了一些不合格的员工，剩下的都是不错的员工，不能有 C 的比例了……”

有一位员工在某个岗位上工作了两年，觉得有些职业倦怠了，于是向雷鸣提出换岗，雷鸣勃然大怒：“才两年就想换岗，太短了吧！你看看我，在这个位置上都五年了，你太三心二意了，这样是很难取得成功的。”然后这位员工找 HRBP 投诉雷鸣简单粗暴的沟通方式。

韵诗还可以举出很多例子，似乎稍微有一些超出常规的事情，这位主管脆弱的神经就接受不了。员工对他嗤之以鼻，认为雷鸣不符合管理者的标准，但如何不符合、如何改变又说不出来，只是觉得“江山易改，本性难移”，雷鸣的本性如此，也不要抱有改变他的想法了。

韵诗经过认真分析与仔细思考，认为表面上雷鸣是在人员管理能力方面存在欠缺，更深层的问题在于他对不确定性的事情的管理能力不足。雷鸣更习惯于例行事务的管理，而对例外事情的管理，管理的意识、方法都比较欠缺。因此，韵诗决定帮助雷鸣提升这方面的能力。

这一天，韵诗约雷鸣一起吃午餐。在轻松随意的气氛中，韵诗问雷鸣："不知是否方便给您提一个小建议？"

雷鸣迟疑了一下说："当然可以，欢迎你给我提出宝贵意见，我洗耳恭听。"

韵诗把自己观察到的和周边同事反馈的问题委婉地向雷鸣提出，雷鸣认真地听完。出人意料的，他这次没有跳起来，而是在沉思，然后说："是啊，平时一发生超出我预期的事情，我都会异常激动。我也发现这个问题了，只是不知道如何改进。请你帮我分析一下，怎样提升管理这种不确定性的能力。"

韵诗就通过引导性的问题，深入了解雷鸣为什么会有这样的反应，还了解了他以前的成长经历，以及他以前的生活环境。最后，她和雷鸣对问题的分析如下：

一是雷鸣对新生事物的心态不够开放，较少了解工作以外的信息，所以不清楚外部世界发生的变化，比如互联网时代人的流动性增强、"千禧一代"进入职场的问题等。所以，他们达成一致意见，当出现新生事物的时候，要努力接纳它并深入分析它，而不是抗拒、排斥它。这就需要改变自己的惯性思维模式，不要害怕问题的出现，乐于从问题中找答案。面对"不确定性"问题时，要懂得学会包容、接纳变化，这种开放的心态能够避免为了保护自己而做出不恰当的举动，影响最终的目标。

二是学会应对，探索影响问题发生的根本原因，提出解决方案并把整个问题解决掉。这个过程需要学会用创造性思维并调动各种资源来推动解决，比如雷鸣遇到棘手的人员管理方面的问题时，要先冷静下来，先找 HRBP 沟通和求助，而不是马上处理。

沟通结束后，雷鸣非常感激韵诗能够主动、坦诚地指出自己的不足，并提供了很好的建议帮助自己改进。雷鸣说："其实我们最感激的不是 HRBP 帮助业务主管掩盖不足，而是帮助我们直面不足、挑战自己、战胜困难。"

④ 帮助管理者提高"即战力"

文盛在给业务主管发送一些 HR 工作邮件时，发现有两类鲜明的管理者风格。

一类管理者根本不打开邮件，或者只看标题或者粗略看一眼，然后把邮件关掉，后续没有任何动作，把事情拖到最后一刻，直到 HR 一催再催，没有办法后才仓促应付完成。他们往往是"最后一分钟的斗士"，通常事情做完都超过了既定时限。

另一类管理者一收到邮件马上了解工作要点，有不清楚的问题会立即咨询。如果明确了工作要求，就会进行工作部署，比如发邮件给部门内的员工，往往会提前完成工作目标。

第二类管理者还有一个特点，就是能够在第一时间、不断给下属及相关部门提出目标要求，包含责任人、工作目标、时间要求、完成的标准是什么。当然，他们也是不断地给自己提要求，对自己要完成的事情快速地处理，并尽快让它转入下一个流程。他们仿佛是一个加速器，能促进工作流程加快，并驱动其他人尽快完成工作。他们往往一开完会、一接到任务就马上部署工作，并超越其他人的期望值去完成事情。

文盛把这种能力形容为“即战力”，就是接到任务后马上就能投入作战，属于“招之能来，来之能战，战之能胜”的类型。文盛访谈了部分具备较强“即战力”的管理者，发现他们有一个特点，就是做事有“热乎劲”，开完会或谈完事情马上落实。

有一个管理者说：“趁着这股热乎劲，推动力是最强的。行动本身也会增强推动力，会影响其他人。”

怎么能把这种“即战力”传递到每一位管理者身上呢？文盛想了几个办法：

一是把那些“即战力”强的典型管理者作为“即战之星”“效率之星”宣传，让所有管理者以他们为标杆。

二是在公司内张贴“不怠慢是一种美德”“快速反馈，我做得到，你也做得到”“如果我没反馈，请尽管催我吧”等标语，倡导高效工作的文化。

三是给管理者开展“如何提高管理效率”的沙龙，并请高效率的管理者现身说法。比如有的管理者每天早上与下属罗列当天的重点工作，牵引下属的绩效输出；如果下属人数很多，则每周与下属沟通一次，或集体沟通。还有的管理者说，如果下属或其他部门的人员来找他，他就会停下手中的活，先把别人的问题处理掉，这样对方就可以继续开展工作了，要快速高效地给人反馈。

上述“三管齐下”，逐步增强了管理者的效率意识，大家明显感觉到周边部门或人员的处理效率提高了，自己也有了紧迫感。如果自己不及时给其他人反馈就会被“踢屁股”，成为“拖后腿”的人。

文盛在事业部效率提升方面做工作，给事业部及集团创造了价值，得到集团的高度认可，并倡导其他部门学习地产事业部的优秀实践。

5 控制个人情绪，就事论事

文盛在饭堂吃午餐时，工程部的同事苏洋走过来，问：“我能够和你一起吃吗？”

“当然可以，请坐。”文盛素来喜欢员工来找他，帮助员工解决问题，所以员工也很乐意把自己的困惑告诉他。

聊了几句后，苏洋和他说起自己最近苦恼的事情：

苏洋负责工程的质量管理工作，最近遇到了一个工程上的问题。由于以往都是按一种方式处理的，苏洋觉得这种方式处理的效率不高，于是想改进一下工作方法。

苏洋想了另一个办法，并按这种方法发给各项目经理。这个方法使项目质量的数据更加可视化，但是对项目的约束性更强，使他们失去一定的灵活处理的空间，加上项目之间信息不对称，项目经理担心苏洋是否只对自己的项目有严格的要求，于是对苏洋的标准提出质疑，还把这个质疑直接反馈给了苏洋的上司——工程部部长孙坚。

孙坚听了两个项目经理的意见后大为恼火，打电话给苏洋，让他马上到自己的办公室。苏洋从电话中就觉得不对劲，到了孙坚的办公室，孙坚问了几句，了解基本情况后让那几位项目经理一起过来当场讨论。因为是新的方法，苏洋确实想得不全面，里面不免有漏洞，也不能很好地回答孙坚提的某些问题。

这下孙坚勃然大怒，厉声指责苏洋："这些问题你应该提前想到，不应该到了我这里才讨论，让我来想答案。我没想到我们的项目质量管理这么差，太让我失望了。你的专业性太差了，合格都达不到，而且你肯定没有用心去做事情。"

苏洋很委屈，积极性大受打击，因为自己的出发点是改进工作，有些问题确实没想周全，但有的事情是没经历过、不知道的。苏洋觉得孙坚可以就这件事情本身批评他做得不好，方法有待改进，但不要因为一件事情就否定了自己一直以来的工作，把整个质量管理工作及自己的专业性都否定了，感觉很不公平。如果自己按部就班地不做任何新的尝试就不会发生问题，也不会有今天的事情，自己就是用心工作了？苏洋觉得孙坚以偏概全，而且过于情绪化，受一时的情绪或印象影响就会形成对一个人的判断。

文盛听后，认为有必要和孙坚谈一谈他的领导风格。文盛预约孙坚有空的时候到写字楼的空中花园走走。文盛先是坦诚地介绍了苏洋的想法，并说明了自己意见："我们首先判断一下事情的性质，苏洋是想提升工作效率而使用了新的工作方法，但由于没有提前考虑到可能发生的问题，同时由于沟通不充分而引起了项目经理的质疑，你认为事情是这样的吗？"

孙坚点点头："是的，你说得很客观。"

文盛说："那么，对这件事情而言，你认为怎么给他反馈？我说的是纯粹针对这件事情。"

孙坚说："我会说，你的出发点是好的——为了把工作做好，只是方法上有待改进。一是要提前做好风险分析与预案；二是提前和项目经理沟通，征求他们的意见，对方案进行优化后再审视。这样可能会避免问题的发生，也能够得到项目经理的支持。"

文盛赞赏道："很好，如果我是苏洋，听到你的这些话会非常乐意接受的。"

孙坚这时候已意识到自己当时的处理方式有问题："是啊，我当时没控制好自己的情绪，也没有多想。我应该冷静一下把问题想清楚，再通过互动沟通的方式解决问题。"

文盛说之前也看到过孙坚在办公室发火、拍桌子的样子。孙坚的嗓门很大，说的话外面都可以听到，不时可以听到他对下属的判断，比如"你的能力太差了""你的工作态度不好""怎么这么笨！真是愚子不可教，恨铁不成钢""你脑子进水了吧，智商太低了，怎么跟着我混"……

文盛认为，管理者要克制自己的情绪，在"愤然"的情绪下做的判断往往是不客观的。就事论事是很好的方法，就是只和员工谈眼下这件事情做得怎么样、应该如何改进，不要因为一件事情就下判断，不要由一件事情下一个很大的判断和结论，给别人扣上很大的"帽子"。

尽量不要"定性"，"定量"即可，你给员工"定性"了，员工会感觉再努力也没有用。"定量"就是告诉员工在某件事情的某些方面做得不够，应该在某些方面做得更多一些。

评价人要在足够的时间跨度下全面来看，不要只看一个“切面”、一个“片段”。不仅自己看人，还要问别人怎么看，特别是要多听和员工朝夕相处、对员工工作最了解的人的意见，所谓“兼听则明”。

主管应和下属一起面对新问题，探索前进，而不是发现问题就“事后诸葛亮”，拍案而起，一味地指责下属。

管理者要和下属进行建设性的双向沟通与讨论，而不是打击性的单向斥责与压制。就事论事，多点讲数据、讲事实、讲问题、讲方法等客观的、看得见摸得着的东西，这些都是可以衡量、易于掌控的；少点讲道德、讲态度、讲意识、讲动机、讲责任、讲能力等内在的、长远的东西，因为这些东西往往是看不透、摸不准、掌控不了的。

孙坚听后很受启发：“你的话让我醍醐灌顶，说得很对、很深刻，这正是我最大的毛病。我一定会吸取教训、改进缺点，做一个合格的管理者。”

文盛故意皱起眉头：“你只是想做合格的管理者吗?”

孙坚赶忙接上去：“是优秀的管理者!”

两人相视哈哈一笑。

6 创造“非人”的组织绩效

没想到，刚解决完工程部的问题，销售部的主管雅芳又过来找文盛沟通。雅芳长得高挑秀美，给人清新脱俗的感觉。但人不可貌相，她伶牙俐齿，说话像打乒乓球一样，快速而掷地有声，做事也是风风火火的，可以说是“女中豪杰”。

文盛看她一脸焦虑的样子，知道她最近的工作压力比较大，不知又遇到了什么烦心的事情。

雅芳说：“最近部门人员变动大，有两个资深的销售员流失了，招来的两个新员工还在熟悉工作，其他老员工能力又不强，所以部门的绩效很受影响。”

“我们这个部门的绩效就是太依赖人了，优秀的人一走，业绩就溜滑梯了，唉……”雅芳长叹一声。

文盛看到过那些业绩稳定的公司与部门，往往不太受人的因素变动的影响，他问雅芳：“我们能不能通过什么方式让人变得不那么重要呢？就是部门绩效不太受人的因素影响。”

雅芳说：“那就需要在管理机制上想办法了，比如更好的产品体验流程、更高效的新员工上岗操作指导，以及改进团队的协作方式，以小团队作战的方式使经验与能力得到移植和复制。还有就是IT系统与流程的优化，如客户关系管理系统……这些方面都可以让我们尽可能地脱离人的因素的影响。”

文盛很赞赏雅芳的举一反三的能力：“是啊，改进团队运作方式能够让知识与经验得到快速的横向传播，并通过知识与经验管理，使知识与经验及时固化到IT系统与流程上，这样我们就能够超越个人能力的局限，使组织绩效最大限度地减弱与个人绩效的关联性。用系统、用机制成功是最稳定的。”

雅芳对这个主题很感兴趣，继续和文盛深入讨论，以下就是他们讨论的成果：

从组织绩效的角度说，个人绩效并非那么重要，我们把个人绩效看得太重要往往会使组织进入不确定的发展轨道，就像过山车一样时起时落。作为管理者，要尽量把组织绩效管理从人的维度迁移到管理体系的维度，管理体系才是最有生命力的。这其实是一种“非人”的绩效，“非人”的绩效的意思是不需要依赖人的绩效。

根据绩效与人的因素的相关性，组织绩效可以分为三个层级。最低的组织绩效层级来自个人绩效的组合与叠加，中间的组织绩效层级来自组织结构改变和领导力等，最高的组织绩效层级来源于创新的机制，比如管理创新、技术创新、商业模式创新等。所以，通过创新机制的建立，更好地激发员工的创新是组织绩效的第一来源。

低层级的组织绩效管理是向个人要绩效，而高层级的组织绩效管理则是向“非人”的要素要绩效。比如一家经营持续增长的公司一开始是一百人，五年后还是一百人，人数不变，变化的一定是公司的质量，是组织绩效的管理机制。

让新干部能够“策马”跑起来

李铭被任命为地产事业部成本管理部部长，他是从工程部骨干员工中提拔上来的干部，原部长秦桦要调到某新项目任项目总经理了。李铭到部门后，秦桦还会和他交接一个月的时间。

李铭初来乍到，看到给他准备的宽敞明亮的办公室非常高兴，这是他第一次拥有独立的办公室，窗外还可以看到绿树苍翠、青草茵茵的公园，让人心旷神怡。当李铭到 HRBP 文盛处报到时，文盛看到了他眼中透出的光亮，内心充满难以抑制的兴奋，以及摩拳擦掌、准备大干一场的斗志。

三个星期过去了，一天早晨，当文盛再次遇到李铭时，看到他脸上多了几分焦虑，眼神也变得有些暗淡，于是关切地问他最近工作适应得怎么样。

李铭说："我现在对新工作岗位还没有头绪，只是跟着秦桦熟悉了部分工作，也只是片段式的。事情来了，秦桦就给我讲什么事情，缺少对业务整体的、系统的了解，我甚至还不清楚公司对这个岗位的期望是什么，我也没有做出新岗位的工作计划。眼看秦桦还有一个星期就要到新岗位了，我心里真的好着急。"

文盛感到问题有些严重，也许其他新干部上岗时也会存在类似情况，因为公司目前缺乏对新干部上岗的操作指导。文盛认为自己有必要到集团总部沟通一下这个问题。

当天下午，文盛就来到集团总部办公室找 HRBP 管理部部长哲涛。哲涛一见到他，就笑着说："有段时间没看到你了，我想你的工作应该比较顺利，已经是老司机了。"

文盛哈哈一笑："老司机遇到新问题了，所以找你求助来了。"

于是文盛把自己遇到的问题和哲涛做了介绍，并建议从集团层面建立新干部上岗辅导机制，以便让新干部在短时间内进入新角色并顺利上手工作，就是把新干部"扶上马，并能策马跑起来"。

哲涛很赞同文盛的意见："是啊，火车跑得快，全靠车头带。我们确实应该抓好干部的上岗工作，这项工作会直接影响其团队的整体绩效与士气。我们一起分析一下新干部上岗辅导工作应该重点关注哪些方面及如何实施。”

于是他们用一个下午的时间讨论出几个要点：

一是新干部上岗辅导的目标是让新干部融入新的组织、呈现出自身价值、建立起成功的信心、获得团队成员的支持。

二是关键工作。

● 帮助新干部做好定位，并了解组织希望他发挥贡献什么价值、实现发挥什么作用，以及业绩或绩效目标是什么。

● 帮助新干部分析其达到组织期望所面临的主要挑战，以及面临的障碍与困难有哪些。

● 帮助新干部确定其在短期内在哪些方面可以实现快速成功（Quick Win），并通过行动付诸实施、取得成果。

● 帮助新干部认识其团队的现状与问题，通过哪些动作可以凝聚人心、提升士气、赢得支持。

三是参与新干部辅导工作的相关人员。

● 集团/事业部经营团队成员：对新干部给予关心，提振他的信心，点拨思路。

● 新干部的直接上级：明确新干部的定位与组织期望、绩效目标要求，并确定重点工作、快赢（Quick Win）工作，并对新干部的求助提供支持，帮助其解决一些棘手的问题。

● 新干部的前任（或有新干部所在业务领域经验的其他中高层管理者）：介绍在该业务领域克服困难、迎接挑战、取得成功的经验，以及如何做好团队管理。

- HRBP：与新干部保持沟通，及时跟进了解新干部动态，评估其岗位适应情况，帮助其缓解心理压力、建立信心，并整合周边资源帮助其解决面临的棘手问题。

梳理了上述新干部上岗辅导工作的框架，哲涛和文盛感觉工作思路清晰多了，他们去找徐亮汇报。徐亮很认同他们的这个思路，要求他们做出进一步的工作细则与不同角色的操作指导，设计出需要使用的文件模板，还要求新干部的上岗辅导要在三个月内完成。另外，要把这项工作与干部的任命工作联动，例行开展起来。

8
优先做驱动人的事情

韵诗在电梯里遇到技术部的主管张文，看他脸色青白，紧绷着脸，直愣愣地发呆，就问他是不是不舒服，他摇摇头叹气说："忙啊，忙得连喝水、上厕所的时间都没有了……"

当韵诗经过技术部的时候，看到有的员工在谈笑风生，有的在看手机，看上去并不忙。她很奇怪，再探头看看旁边张文的办公室，他在里面时而埋头伏案，时而盯着电脑看半天，不时抓头发或按太阳穴，忙得不可开交。

韵诗很奇怪，为什么主管忙得完不成工作，而下属这么清闲？这里一定有问题。于是她走进张文的办公室，说："张总，能和你简单沟通一下吗？”

张文看到她进来，愣了一下，说：“简单说，我太忙了……”

韵诗说：“看你忙得焦头烂额的，为什么不安排点工作给部门其他同事做呢？”

张文皱皱眉头：“我忙得没有时间和他们沟通，安排工作就得沟通半天，而且很多事情只有我最清楚，如果让他们做，我还得花时间辅导他们，效率可能更低。”

韵诗似乎看到问题出在哪里了，说：“我认为你应该先把时间花在和下属沟通上，把工作尽可能地安排给他们，让他们先动起来，除非是必须你亲自做的工作。要先安排好下属的工作，再处理你自己的事情，这样下属可以和你同步开展工作，等于几辆汽车同时发动前往目的地，而不是一辆汽车跑完，另一辆汽车才开始发动。”

“优先做驱动他人的事情，管理他人的绩效，再着手自己的事情，管理自己的绩效。对于一个管理者来说，下属的绩效也就是主管的绩效。”韵诗最后总结说。

张文听了韵诗的话，思考了半天，才拍拍脑袋：“对，你说得太对了。我应该优先安排工作给下属，再忙我自己的事情，这样他们就不会在那里空耗时间了。以前我总觉得自己要处理的事情是最重要的，忙完自己的事情再去和下属沟通、跟进下属完成的事情，结果每次到最后都没空和下属沟通，导致和下属的沟通工作一再推迟，所以下属肯定都在浪费宝贵的时间。”

“嗯，现在只需要调整一下处理事情的顺序，结果可能就大不一样了。”韵诗提示。

几个星期后，韵诗再次经过技术部，看到外面开放办公区的员工都在聚精会神地工作，或者在认真讨论事情，一派紧张忙碌的样子。再看看办公室里的张文，把双手垫在脑后，正在沉思什么重要的事情。

“他终于有时间可以抬头看路，而不只是埋头拉车了……”韵诗在心里偷乐，同时升起一种成就他人的自豪感。

第十一章
发展与提升组织领导力

❶ 以领导发展领导，以行为影响行为

哲涛近期在考虑如何提升中高层管理人员的领导力问题，以前的领导力能力提升主要靠培训赋能，但这种单一的方式见效甚微。因为培训的效果一般只有“几分钟”热度，在培训时有“思想启发”，在实际工作中就把这些理论抛到九霄云外了。

什么才是有效的领导力提升方法呢？哲涛找了一些关于领导力的书学习，并与不少干部沟通后，他提出一种领导力提升方式：以领导发展领导，以行为影响行为。

怎么理解“以领导发展领导，以行为影响行为”？哲涛对它做了具体的诠释，让有经验的领导者带领出新的领导者，而且是用领导者亲身的行为做示范，并影响被带领者的行为。

这是一种新的学习方式——跟随式学习或旁观式学习，学习者是跟随在领导者身边的，进入实际的工作场景，观摩领导

者在各位场合下采用何种行为发挥领导力，从而耳濡目染、潜移默化，进行学习模仿。这样的“标准”或“最佳”行为也会逐步出现在学习者身上，经过亲身实践，逐步养成习惯并形成自然的领导风格，形成真正的领导力。

这个方法的核心是在实战中提升能力，有三个步骤：第一次跟着别人做，第二次在别人的辅导下做，第三次自己独立做。

那么，如何开展这个领导力提升项目呢？

哲涛先请徐亮组织公司的高层领导开会讨论，通过高层的智慧集体识别出公司内的领导典型，作为领导力的标杆，分析、提炼其身上的优点（闪光点、学习点）。然后安排被培养的对象在其身边实习，作为其副手，明确该被培养人员需要重点学习领导者的特定优点（但不限于这些方面），并让其在学习过程中通过观察写出该领导者的领导力案例，以及自身践行其成功案例。实习的时间大概是6~10个月。

通过实习期以后，如何进一步固化其学习到的领导力呢？把他放到实际“战场”上，让其和“战士”（团队）一起“摸爬滚打、出生入死”，在真实的领导性场景中发挥、应用其学习到的领导力行为，锻造出具备自身特色的领导力，并在“战场”上建立兄弟关系，形成凝聚力与号召力。这个过程持续一年左右的时间，根据其带领的团队绩效、士气及团队成员的发展情况，每半年评估一次（360度评估），衡量其领导力提升是否已达到既定目标，并形成有效的领导力。

在实际选择典型领导的时候，公司高层领导有过激烈的讨论，因为每个人心中的最佳领导力标准有一定的差异。最后大家达成一致的意见，就是通过两个维度来看：一是其带领的团队是否持续取得高绩效；二是其带领的团队是否持续输出好的管理干部。通过这两个可以客观衡量的标准进行人员筛选。

以前大家倾向于“音量领导力”“魅力领导力”“口才领导力”，就是那些能说善道的外向型性格的领导。但慢慢发现，很多领导并不能帮助组织提高绩效、培养干部，企业反而要寻找和选拔那些高效的、能够创造绩效和培养人才的领导，而这些类型的很多领导有着极其谦逊的个性，以及热情的专业意志。这样的领导通过鼓励下属努力来获得主动地位，他给予下属参与重要决策的机会，采纳其合理的意见。他把工作分配给那些自己认为能够出色完成的人，这就意味着将一些最有趣、最有意义甚至是最重要的任务分配下去，而其他领导者或许会把这些任务留给自己处理。

当然，情境因素对领导风格也有不同的需求，有的情境需要外向型风格，有的情境则需要内向型风格。所以，提拔倾听者与提拔演讲者一样重要，但绩效产出与人才培养是两个基本的要求。内向型领导能够创造积极的良性循环，引发下属的原创性工作，激发下属的主动性。外向型领导缺乏倾听能力，较少接纳下属的意见，下属提意见的积极性越来越弱，越来越消极。外向型领导应该坐下来倾听，让下属站起来发言。

哲涛提出的“以领导发展领导，以行为影响行为”的领导力发展方式，其实给了被培养对象学习、模仿、尝试、践行领导力行为的经历，而这种经历形成了他的思维背景，就如同一张已有背景色彩的纸，无论如何涂抹，原有背景的影响始终在上面，带有深刻的痕迹和影响。对被培养对象来说，这决定了其思维的角度、广度、沟通方式、行为模式。可见，通过有意识地设计被培养对象的经历，可以系统性地改变、调整自己的行为方式和决策方式。所以，领导力的培养一定是通过经历来承载和实现的，经历就是领导力培养的抓手。

② 领导力真的提升了吗

开展领导力提升项目后，哲涛又在考虑“如何衡量被培养对象的领导力提升”了。为此哲涛思考良久，一直找不到合适的方式去衡量。

最近，哲涛在访谈新上任的年轻干部时，请年轻干部聊聊感受，这位新干部说：“以前我总是想着如何成功，做管理者后，我发觉自己的想法变了，现在更多的是想着如何使团队成功……”

听到这里，哲涛心里的谜团一下子解开了，有种豁然开朗的感觉：“是啊，没错！能否让团队成功，就是领导力提升的衡量标准。”

接着，哲涛进一步分析“如何才能让团队成功”，这里应该包含两个因素：一是团队取得好的绩效或业绩；二是团队成员得到发展。通过这两个因素就可以衡量团队是否取得了成功，不仅是较短周期内成功，还要中长周期内持续成功。

哲涛和徐亮沟通这个思路后，徐亮非常认可，但徐亮提出了一个新的问题——让团队成功是结果性的衡量指标，往深一层看，还需要考虑有哪些过程性指标可以衡量领导力提升的效果。

哲涛又深入了解了几位被确认是转型成功的管理者，分析他们有哪些过程中的核心输出或关键成果。经过分析，找出三个方面的关键成功领域或关键成功因素：

一是制定与明确组织的战略与发展方向，并让团队成员了解。

二是搭建组织与团队，让组织正常运作，团队成员各司其职，团队士气较好。

三是建立业务的运营管理机制、流程，落实与执行组织的目标。

通过这三个方面是否达到就可以衡量被培养对象是否在关键领域取得了扎实的成果。

构建起领导力提升衡量标准（如表 11－1 所示），哲涛向徐亮汇报后，就把该方案提交到集团经营管理例会上讨论，并获得了通过，进而进入了推行实施阶段。

表 11－1　领导力提升衡量标准

<table>
<tr><td rowspan="2">1. 结果性标准：团队是否成功</td><td>（1）团队取得好的绩效或业绩</td></tr>
<tr><td>（2）团队成员得到发展</td></tr>
<tr><td rowspan="3">2. 过程性标准：是否在关键领域取得成功</td><td>（1）制定与明确组织的战略与发展方向，并让团队成员了解</td></tr>
<tr><td>（2）搭建起组织与团队，让组织正常运作，团队成员各司其职，团队士气较好</td></tr>
<tr><td>（3）建立起业务的运营管理机制、流程，落实与执行组织的目标</td></tr>
</table>

③ 搭建一个领导班子，比培养一个领导更重要

在推行领导力能力提升的过程中，哲涛又发现了一个伴随而来的问题。一个人具备了领导力，在一个位置上固然能发挥领导力优势，做成一些事情，但是，他离开了呢？他原来在这里建立的机制可能会继续运作下去，但他原来推行的事情可能会被新来的领导推翻或重新审视。于是组织的发展就失去了继承性、延续性与一致性，无论原来的做法多么好、多么深得人心，“新官上任三把火”，新来的领导出于“政绩”的需要，“改弦更张”“易帜”便成为不得不踏出的一步。

如果是一个领导班子，则出现这样的问题的概率就会大大减少。一把手调走了，可以由二把手、三把手顶上，因为原来整个领导班子推行的做法，接任者也是参与其中的，属于接任者的“政绩”之一。如果这个“路线”继续下去，他也只是在继续推行自己曾用过的做法而已。所以，如果他看到以前做法的益处，就会沿着这个方向走下去，只是做一些改良、升级、优化而已，不会全面推翻或推倒重来，这样就把优良的传统集成与发扬下去，组织的稳定性就得到了保证，好的做法就能得到传播。

还有一个问题，在特别复杂的环境里，领导者是需要一个智囊团的。而领导班子就能形成一个智囊团。如果只有一个领导一枝独秀，他在决策的时候思考的角度就相对单一，决策失

误的概率比较大，也缺乏有力的臂膀去执行。集体决策就可以把风险大大降低，同时也对领导的决策与行为起到一定的监督作用。

因此，哲涛在考虑领导力提升时，总会从一个领导班子的角度思考，包括在不同环境下，领导班子的组成应该是什么样的、领导班子成员的能力如何互补、领导班子成员的接任次序如何安排、如何给一个领导班子进行培训赋能等问题。

哲涛的这个想法被徐亮认可了。徐亮在干部的任命中，也从如何更好地搭建领导班子的角度引导公司高层去思考、讨论和决策。特别是对一个新的组织，比如成立了一个新的子公司，搭建可靠的领导班子是第一步，这项工作要由上而下，先选定可靠的高层领导，再逐步往下选拔中层领导。而干部选拔的标准为：一方面，干部要了解基层情况；另一方面，要有知识和管理能力。

哲涛进一步思考外部人才引进的问题，他意识到很多“空降兵”会夭折，是因为只是“一个人在战斗”。在一个全新而复杂的环境下，“空降兵”很多时候是孤立无援、心有余而力不足的，需要左膀右臂的协助，而这个左膀右臂能帮助“空降兵”指挥自如、迅速领会并贯彻战略意图。

所以，我们不要只考虑引进一个“空降兵”，而是要考虑引进一个“空降兵团”，特别是公司未涉及、新进入的战略性行业，以一个全新的“兵团”开拓，成功的概率会大大提高，速度也会加快。比如我们要引进一个领军人物去开拓一个新的行业领域，就可以给他一个特别的权力——组建领导班子或管理团队，而成员可以是他以前的同事、下属等，这样就可以实现能力、经验的整体性引进。引进一个行业标杆企业的人才组合搭建成自己企业的领导班子，相当于引进了一套新的管理思路与管理机制。

4
最高的境界是用情商来领导

哲涛在和财务部门人员沟通的时候感觉特别好，无论是集团总部的财务人员，还是事业部的财务人员，她们（大部分是女的）有礼貌、温和、有耐心，很清楚地告诉你按照流程应该怎么做，她们答应你的事情一定会及时反馈。经过财务部办公室，你可以感受到里面积极向上、友好协作的氛围。这种良好的氛围与做事方式由部门内部向部门外传递出去，影响着周边部门。

她们怎么做到的？哲涛对此很好奇，财务部的团队建设方式或许可以给其他部门提供借鉴。于是他花了半天时间坐在财务部的办公室里观察，并且和多位员工做了访谈。

最后，哲涛发现核心因素是集团财务总监丁香。因为丁香是一个具备正能量的人，她热情乐观、富有感染力、包容性强、善于倾听、思路清晰，给人的反馈明确而得体，处理事情效率很高，总能给人以合适的支持与帮助，属于典型的高情商的领导者。

下属反馈和丁香在一起，感觉非常舒服和开心。因为丁香能关注下属的感受与需求，一两句关切的问候或细节上的帮助让人感觉很温暖，所以大家感受着她温和的影响力，自己无形中也受到了她的影响。即使事业部财务部的同事日常很少见到丁香，但似乎身边总有她的气质影响，自己无形中在模仿、追随着她的工作方式和沟通风格，这真是很奇妙的事情。

丁香的高情商，似乎已经潜移默化到了财务体系的各个角落，每个财务人员都受她的影响。

哲涛专门拜访了丁香，请她谈谈对领导力的理解。丁香说："一个好的领导者不仅需要保持乐观、真诚、精力充沛，还要通过自己的行为让下属有同样的感受并采取相同的行为方式。要想取得良好的业绩，领导者首先要管理自己的内心生活，这样才能在情绪和行为之间形成一系列积极的联系。"

丁香日常的生活方式，包括饮食、睡眠、锻炼（跑步、练瑜伽）及个人学习（每天睡前看书 30 分钟已经坚持了 20 多年）都很有规律，她一直保持稳定而良好的情绪，而这无疑影响着她对生活和工作的态度和处理能力。她通过自我管理让情绪变得更好，并利用同理心了解个人情绪的影响力，然后通过人际关系改善他人的情绪。

哲涛不由得赞叹，丁香的高情商已经成为财务部员工最好的"福利"，也许财务部的高绩效及周边的高评价也源于此。

哲涛发现了一个规律，领导者的情绪具有感染力，情商在组织中的传播就如同电在电线中流动，什么也阻挡不了其在组织内的快速传播。领导者的情绪和行为，将影响下属的情绪和行为。高情商的领导往往会从员工那里获得大量支持，任何困难都能迎刃而解，这种连锁反应最后影响的是组织的绩效。因为上司的情绪传播得最快，每个人都会对领导者察言观色，并注意领导者情绪的变化。即便上司很少出现在大家的视线中，比如大家很少遇到的 CEO 的态度也会影响其直接下属的情绪，而这些下属的情绪会如多米诺骨牌一般产生连锁反应，影响整个组织。

相反，暴躁、高压、散布消极情绪的领导，就像瘟疫一样，人人避之而唯恐不及。领导者低水平的情商会制造恐惧和焦虑的组织氛围，虽然压力和恐惧会让员工在短期内变得高效，组织也能因此取得好业绩，但这种状态是不能长久的。

哲涛计划开展一个领导者情商提升的项目，教导中高层管理者如何采取高情商的行为，从而创造一种有利于信息共享、互相信任、高效合作、敢于担责、开放进取的氛围与文化。当大部分中高层管理者能够学会以情商领导下属时，这将成为公司成功的强大动力。

5 复盘是很好的组织与团队赋能

到了秋高气爽的季节，地产事业部组织大家周末去郊外进行户外拓展。事业部总经理李成及中高层管理人员都参加了，加上骨干员工 40 人左右，刚好坐一辆大巴，HRBP 文盛也在其中。

大家来到蓝天白云、山清水秀的郊外，顿感心旷神怡，特别是四周层林尽染，让人有置身童话世界般的感觉，欢声笑语在群山中回响。

户外拓展的重点项目是激光镭射打野战，野战的专业教练叫阿明，阿明把所有成员分成两队，分别选出队长。文盛所在的小组是1队，队长是工程部部长孙坚；另一个小组是2队，队长是拓展部部长陈略。

教练先给每个队员发放了一套单兵器材，包括激光发射枪、激光接收系统（头盔及背带），并说明了规则：激光枪发射时，有模拟枪声及震动；被击中时会震动3次、蜂鸣3次、灯光闪耀3次；如果你击中他人，你的设备也会提示你，而这种提示是震动、蜂鸣与闪光1次……规则介绍完毕，两个小组接下来将进行对抗作战，作战时间为一个小时。两个队长各自带领团队到达树林的另一端，并做了战前部署。哨声一响，战斗打响了，双方队员立即进入激烈的攻防状态……

一个小时后，哨声再次响起，战斗宣告结束，两个小组的队员重新聚在一起清点“存亡”人员，阿明教练宣告2队获胜。在大家战意尚酣、意犹未尽之时，教练请大家环坐在草地上，说：“活动还有最后一个环节，就是对刚才的战斗进行复盘，请两个小组分别谈谈你们战前是怎么部署的？目标是什么？战斗打响后战场有什么意想不到的事情发生？战斗结果如何，与你们的目标差距是什么？如果重来一次，你们会怎么改进？”

先由队长陈述，然后大家七嘴八舌地补充，从战斗的攻防策略、队伍组织形式、自我保护隐蔽方法等方面做了全面深入的剖析，经过40分钟的回顾，大家对整个战场的情况有了清晰的了解，总结了很多经验、心得，受益匪浅。

最后，事业部总经理李成总结：“今天安排大家来做打野战的游戏，就是想让大家学会复盘这种管理方式。复盘是围棋术语，意思是下完一盘棋，把棋子撤走，然后按照之前下棋的方法重新摆一遍，再讲解一遍。这个过程就叫复盘，要看哪里下得好，哪里下得不好，有没有更好的下法。”

“我们的地产业务是按项目来运作的，每个项目的运作都经历了很长时间，投入了大量的人力、物力、财力。无论项目成功还是失败，都有着非常宝贵的经验与教训，是我们不可多得的财富，对于我们未来把项目运作得更好有着非常重要的指导意义，所以我们后续要贯彻、力推这种复盘的方式。”

李成拿起手上的矿泉水喝了几口，继续说：“我最近研究了国内外多家成功企业的经验，发现它们都采用了复盘的管理方式，并且把这作为一种文化传承下去。复盘是总结的一种方式，但它强调集体的参与，组织与个人的学习提升，要有固化的流程保证结果。

“复盘首先要求管理者以身作则，这样才能影响每一个员工；其次，复盘是对事不对人，是为了后续提升组织和个人的能力而做的，而不是秋后算账的手段。我们要把复盘落实为一种组织赋能的管理机制与文化沉淀。”

李成环顾了四周的管理干部：“你们要运用这种方式给团队赋能，做完一个重要项目或一个重要事项，都可以采用这种方式回顾反思，这是给团队赋能的好方式。”

阿明教练补充说：“对企业来说，复盘的好处是让我们用系统的方法、多维的视角看清楚某个项目或事件的真相，通过集体反思与经验的迭代，形成未来业务能力提升，以及业务创新、管理创新的思路，成为团队与组织发展的财富。”

李成对 HRBP 文盛说：“回去后，你找几个业务主管一起讨论，制定地产项目复盘的形式与流程，在下个月事业部的经营管理例会上讨论，讨论通过后就发布使用，要求各个地产项目完成后都要做复盘、做复盘的总结。然后，你再联系 IT 部，建设一个内部分享的平台，把这些项目的复盘总结去掉敏感的数据后，发布在平台上，让全员学习，这样复盘才能真正起到驱动组织进步的作用。”

第十二章
做好人才的保留与激励

1

识别出团队中的关键人才

这年春节大家分外高兴，因为 TD 集团经营业绩不错，给大家发了丰厚的年终奖，大伙可以欢欢喜喜过新年了。

春节过后初八上班，喜庆的气氛仍然洋溢在公司内，大伙闹着到各个办公室“讨红包”。徐亮去给 CEO 李健拜年，大家寒暄过后，李健随即进入正题谈起工作：“去年我们的奖金发得比较多，大家都很高兴。但我感觉我们的激励有点像撒胡椒面，利益均沾，没有重点，讲究‘大家好才是真的好’。我担心关键人才没有得到重点激励，反而挫伤了他们的积极性，有的甚至会选择离开，我们却保留了那些绩效平庸的员工。”

徐亮说：“我们在分配奖金的时候，对不同绩效的员工有不同的奖金系数，比如得 S 的员工是 3 倍工资、得 A 的员工是 2 倍工资、得 B 的员工是 1 倍工资……这应该起到了一定的激励作用。”

李健摇摇头说：“绩效优秀与绩效平庸的员工奖金差距还是太小了，可以进一步拉大差距。绩效只是关键员工识别的一个维度，还有其他维度，要从业务战略与业务发展的维度分析。你们再研究一下，看看如何更系统、准确地识别出关键人才群体。

“另外，对关键人才要有整体的激励与保留方案，既包括物质方面，又包括非物质方面……我们要多想办法，用好激励的资源，把‘好钢用在刀刃上’，千方百计激励好、保留住关键员工，因为他们是公司发展的中流砥柱。”

从李健的办公室出来后，徐亮立即把哲涛、薪酬福利 COE 冬梅喊到自己的办公室商量此事。讨论过后，他们认为可以在即将召开的公司中高层管理人员参加的年会上增设一个专题研讨会，具体的议题如下：

- 如何识别关键人才？
- 如何定义关键人才的标准？
- 如何激励关键人才？
- 如何保留关键人才？

他们在公司年会上抛出这几个议题的时候，得到大家的热烈回应，大家从新的思维视角看待身边的团队，进而寻找激发组织活力的新方法。

经过充分的讨论，对第一个议题，大家得出了结论：关键人才的识别既要看企业内部，又要看企业外部。

从企业内部看什么呢？主要有三个方面：

一是看人才对公司的价值，给公司或客户创造的价值越大，其关键程度越高。

二是看其岗位是不是属于关键业务流程，以及关键业务流程上的关键岗位，关键岗位上的关键人才的系数更高。

三是人才的可替代性。如果人才从事的工作复杂程度很高，该人员离开对业务的影响很大，很难找到替代的人选，那么就可以考虑为关键人才。

从企业外部看什么呢？主要有两个方面：

一是人才的竞争性如何，就是行业内这类人才的竞争程度激不激烈，竞争对手现在想不想从我们公司挖这个人，或者这个人离开了公司，竞争对手想不想要。如果是竞争对手拼命想要的人才，我们就应该尽力保留。

二是人才的可获得性，也就是稀缺性。如果人才流失了，我们再次获得这样的人才的难易程度如何。如果我们获取这类人才的成本非常高，那么留住这类人才是最佳选择。

会议还达成一个共识，关键人才分布在组织的各个层面或领域，不管是在管理者层面还是在执行层面，又或者是在市场销售领域、研发领域、生产领域、职能管理领域（如 HR、财务、行政等），都可能存在关键人才。

关键人才是有比例限制的，关键人才不超过总体员工人数的 20%，而且关键人才内部也是有排序的，排在关键人才列表最前面的属于高潜力人才，占总体员工人数的 5% 左右。

大家讨论了“如何识别关键人才”的内外部分析的思路后，发现它主要圈定了关键人才的范围及目标群体，还需要从更微观、更细的颗粒度去辨别、确认哪些人才是关键人才，这就需要从更多维度、用更量化的方式定义。

在哲涛做的方案初稿中，列出了两个主要的考量因素——绩效和能力，后来经过大家讨论，认为应该把价值观也纳入进来。

有的与会者举了典型的例子，关键人才有一个共同特点是符合TD集团“爱岗敬业，乐于奉献”的价值观，他们愿意管事、担责，通常是对准结果考虑问题，没有太多的职责分工的概念（是你的也是我的事），是站在解决问题的立场上，先考虑怎么解决问题，再考虑分工。因为他们总是从解决问题的思路出发，思考得比较全面，表达的意见也容易被大家接受，自己的影响力就建立起来了。

这样就形成了绩效、能力、价值观三个维度，每个维度采用五等制进行评分（1～5分，1分最低，5分最高），同时给三项因素配以不同的权重：绩效50%、能力30%、价值观20%。通过这种“三位一体”的评价方式，可以量化算出人才的得分与排序。

最后得出的关键人才识别方案并非是一个纯粹计算的过程，因为只是量化计算会造成僵化与短视，忽视更全局、长远的因素。这个量化的得分与排序是识别关键人才的重要依据，但要符合公司的业务战略诉求与业务发展相匹配的原则，也就是大家在前面讨论的内部因素与外部因素（内部价值如何、是否是关键流程上的关键岗位、可替代性；外部的竞争性、可获得性或稀缺性）。

通过讨论，大家逐步形成了一种意识：对人才的识别是一个与业务结合的过程，是定性与定量相结合的，是综合了多种因素考量的过程。

②
给“好马”多加几把草

讨论完如何识别关键人才后，接下来大家又讨论如何激励关键人才的问题。大家一致认为，要给“好马”多加几把草，让他们有动力跑得更快；那些跑得不快的“马”看到前面的“马”可以吃到更多的草，也会加倍努力地追赶，这样就形成了人人争先的“赛马”机制。

那么，我们应该关注关键人才的哪些激励呢？大家一致认为，不仅要有物质激励，还要有非物质激励。物质激励要拉开差距，非物质激励要个性化，不同对象要有不同的非物质激励方式。

在CEO李健“充分拉开差距”的鼓励下，与会者大胆提出物质激励的“大招”：

- 调薪：拉开调薪幅度的差距，向关键人才重点倾斜，而且关键人才根据排序，调薪的幅度也有差异化；允许调薪幅度100%的人员出现，同时要求部分低绩效人员不调薪。
- 奖金：奖金主要来源于绩效，但从奖金包中划出一部分，额外用于需要重点保留与激励的关键人才。
- 长期激励：在股票期权等长期激励的分配上，重点加强对关键人才的分配，并和其他员工拉开差距。

在非物质激励方面：

- 晋升：在本职系范围内，给予更快、更大幅度的职级、职等晋升，如一般员工平均一年晋升1~2职等，关键员工一年平均晋升可以达到3~4职等。
- 干部选拔：把关键人才纳入管理者接班人梯队中，由中高层管理者点对点进行定期沟通辅导，当有管理岗位空缺时优先从关键人才中选拔。对于关键人才中的年轻干部，可以破格提拔。
- 增加关键人才的“曝光率”：在公司各层管理例会上，提升关键人才的“曝光率”，并重点审视、评议关键人才的成长与激励。邀请部分优秀的关键人才作为公司各层。管理例会部分议题的旁听人员。
- 授权、锻炼、培训的机会：从人、财、事三个方面进行审视，根据岗位性质与特点给予关键人才更多的工作授权；给予关键人才更多轮岗挂职、项目锻炼、内外部培训的机会，提升关键人才的能力。需要注意的是，关键人才管理要因材施教、因人而异，因为关键人才在很多方面是不具有同质性的，每个人都有自己的个性特征和优劣势，根据不同的关键人才，建立不同的人才培养方案，能使得关键人才管理工作事半功倍，使关键人才能够发挥其长处，避其短处，适才适岗。
- 荣誉激励：从公司层面及事业部层面，多设一些荣誉奖项及奖品，由公司、事业部一把手在各层级会议上公开颁奖，增强关键人才的荣誉感。
- 沟通激励：关心关键人才的工作、生活情况，比如工作压力、身体健康、子女教育等，管理者应定期与其沟通，并给予必要的支持和帮助，让关键人才感受到公司的关心。

通过上述措施，TD 集团将系统地构建起对关键人才的保留与激励体系，激励关键人才更加努力工作，创造更大的价值，构筑公司人才竞争优势，也形成公司的人才“护城河”，避免竞争对手猎挖关键人才导致的关键人才流失。

3 任职资格，为专业型员工铺设发展基石

俊凯是从制造行业某中型企业跳槽到 TD 集团家电事业部的核心技术员工，工作几个月后，他有些困惑，来找 HRBP 韵诗沟通。

原来，俊凯在上一家企业时是技术部门的中层主管，来到 TD 集团这个大公司后，只能做一个核心技术员工，带着几个兄弟干活。他本来期望到公司后能够在一两年内晋升为管理者，但 TD 集团规模比较大，技术部门的主管基本上都是在公司工作八年以上的老员工，他们技术很过硬且在 TD 集团有着丰富的经验，一般外来的人员难以在几年内取代他们的位置。于是俊凯比较失望，觉得在 TD 集团没有发展。

韵诗之前也遇到过这样的例子。她和俊凯说明了公司的员工发展机制。因为公司间的规模不同，内部管理体系存在一定的差异性。TD 集团其实给员工提供了两条发展路径：一条是管理线；一条是专业线。管理线通常是给有管理能力或潜力的

员工准备的，而且管理岗位属于“限量”资源；专业线却没有数量限制，广大员工都可以往这条路线发展，只要员工的专业贡献、专业能力达到一定水平，就可以获得与管理岗位同样的发展，包括职级、薪酬待遇等。

韵诗说：“在技术部，资深技术工程师的职级和收入并不比部门主管低，有的还要高一些。如果是专家级别，甚至可以达到公司中高层管理者的职级和薪酬水平。所以，专业类员工在TD集团大有发展。从事专业类的岗位，可以专注发挥自己的专业价值，免除了作为管理者的诸多烦恼与压力，是大部分技术型员工职业发展的道路。”

“那么，我需要做什么准备工作，才能实现在专业线往更高层级发展呢?”俊凯心中仍然有不少疑问。

韵诗笑笑说：“你要做专业资格认证，如果你的专业资格认证达到一定级别，你的职级、职等就有更大的提升空间，因为专业资格认证是职级、职等调整的基础和前提条件，而职级、职等的调整又和你的薪酬水平挂钩。”

“任职资格怎么申请、怎样认证?评审的内容包括哪些方面呢?”俊凯的问题一个接一个。

韵诗解答：“任职资格是先获得部门主管的确认，然后向你的岗位所对应的专业任职资格小组提出申请，让他们审核材料后，组织专家进行答辩评审，答辩评审通过后则可以获得相应的专业任职资格等级。

“关于评审的内容，一般包括你在本岗位上的专业价值贡献、专业能力、专业成果、专业影响力四个方面。专业价值贡献是你在本职工作上是否达成了应有的绩效、发挥了应有的价值与贡献；专业能力主要是专业技能方面的考察，这方面你应该比较了解；专业成果是看你在本领域的专业成果产出，比如你有没有发表相关的文章，有没有制定过本专业的培训教材或者专业的流程、操作指导等；专业影响力就是你有没有用自己的专业能力影响周边的人，比如你有没有培养出技术水平达到一定程度的专业人员，他的专业任职资格达到多少级，以及你有没有参与内部或外部专业协会的工作，成为其中的主要会员，在公司内外产生专业的影响力等。"

俊凯听得有些呆了，吐了吐舌头："这么严谨的评审流程啊！我很多方面都没达到，要按照公司的目标要求好好努力了。"

韵诗鼓励他："嗯，只要你扎扎实实地提高自己的专业能力，发挥专家的专业价值，就一定会得到回报的。我可以介绍一些专业任职资格级别比较高的技术专家给你认识，让他们给你传授在专业路径上如何发展的经验。"

"太好了，小生这厢就此谢过！"俊凯摆了一个作揖告退的动作。韵诗正拿着杯子喝水，忍不住扑哧一笑，差点把水喷到俊凯身上。

让职业生涯规划真正发挥作用

HRBP 管理部的程挚来家电事业部找韵诗，了解新一年里一线对 HRBP 年度重点工作的诉求。经过生产部门的时候，他听到有几个员工在聊天，谈到了自己新一年职业发展的期望。

一位员工说："听说公司对每个员工都做了职业生涯规划，

去年不是收集了大家对自己职业生涯规划的想法吗，还让每个人都填了一张很长的表格，包括自己1~2年、3~5年、5~8年、8年以后的职业生涯规划，还有自己过去的职业发展经历、优势与不足分析、对未来职业发展挑战和机遇的分析。相信公司会对我们的发展有所考虑……”

另一位员工打断了他的话：“得了吧，别相信公司职业生涯规划，我都到公司五年多了，每年都填一次那个表格，从来没看到公司应用那个东西，说不定现在还在HR办公室压箱底呢。用一句流行语来说就是‘理想很丰满，现实很骨感’，我劝你还是少费那份心。工作经验积累到一定程度，市场身价高了，外面有更高的职位、更高的工资，还是直接跳槽吧。”

听到这里程挚的心一沉，但细想确实有一定的道理。HR部门收上来的员工职业生涯规划的确堆放在文件柜里，从来没有人去翻过。现在看来，每年填写那个表格确实流于形式了。开始时HR自己相信，想说服员工相信，后来变得连HR自己都不相信了。

程挚心里想：“真要命，如果不做出一些改变，员工职业生涯规划的事情会毁了HR的形象，也让员工对公司的人力资源管理体系产生质疑。”

程挚心里正琢磨，无意识地走到韵诗的办公位上，直到韵诗喊他：“挚哥，干吗呢？想什么事情想得发呆了？”

程挚猛然反应过来：“哦，对了，我过来找你。刚才遇到了事情，正好和你说说。”

“啥事，说吧。”韵诗从椅子上站起来，顺便从桌子上一个漂亮的盒子里掏出一颗糖递给程挚，应该是某位员工新婚派发的喜糖。

程挚接过糖却不剥开，先是把自己刚才听到的对话说给韵诗听。韵诗听了，右手托着下巴做沉思状，然后缓缓地说：“员工说得确实有道理，一针见血地指出了我们的工作现状，我们是得有所改变了，否则会失去员工的信任、失去员工的心，严重的还会流失掉优秀的员工……”

程挚说：“最重要的是，我们要把职业生涯规划落地应用。虽然我们收集了员工的职业发展的意愿，但是在真正的岗位安排、干部提拔时，从来不会看员工的职业生涯规划，只是从组织的需求进行安排，这是纯粹的从上而下的职业规划，没有顾及员工层面的需求。我认为需要从上而下、从下而上两者相结合做员工的职业规划，其实两者是可以找到共同点、平衡点，实现共赢的。”

韵诗脑子里闪过一个想法，她说：“我有一个办法，就是在做人员与岗位匹配工作的时候，看一看员工职业发展的需求，并且把这个固化到我们的流程中。比如在开展人员轮岗、调动、任命等工作时，将员工职业生涯规划信息作为一个必要的参考信息，在可能的情况下，尽量满足员工的需求，特别是有两个以上可选项的情况下，按照更符合员工职业发展意愿的方向考虑。”

程挚听了，心里抑制不住地兴奋：“这样我们对员工的职业规划工作就会改进很多，因为多了一个角度看问题，从原来只有一个坐标轴——组织的人力规划意愿，增加了一个坐标轴——员工职业发展意愿。这样员工职业发展方向就朝着组织需求与员工需求的平衡、折中的方向转变，更能激发员工的潜能与积极性，员工也会更认可、更支持公司，实现双赢。”

韵诗又提议：“在绩效沟通中，我们也应该把职业发展的沟通融合进去，比如询问员工对自己目前岗位的状态是否满意，后续有什么职业发展的想法，还可以谈谈未来公司、部门的发展规划，可能会给员工提供什么样的职业发展机会。这个沟通过程可以及时解除员工对职业发展的困惑，对未来产生希望和信心。部门主管也可以通过收集员工的诉求，作为部门人员规划安排的参考信息。”

程挚很认可韵诗的建议，他做了一些补充：“我们针对员工职业发展路径的不同里程碑，应该设计与之匹配的能力要求，让员工知道自己应该积累哪些经验、培养与发展哪些能力，才能达到未来新岗位的要求。这样方向性牵引就更强了，毕竟职业规划不仅仅是一方的事情，公司与员工双方都需要努力，才能达成目标。”

接着，两人从员工的职业生涯规划进一步深入谈到管理干部的职业生涯规划。他们认为，职业规划对干部成长的作用也很大，而且干部的职业生涯规划要提前规划、实施，比如未来干部要达到某个岗位，先经过哪些岗位的实践锻炼、积累哪些必要的经历。把干部提拔到新职位前，先加入“锻炼、实践”的环节，提高干部对未来新岗位的准备度。

经过一轮头脑风暴后，程挚说：“我们赶紧趁热打铁，把讨论的东西写成一个方案，明天去找徐亮和哲涛沟通。”

“成!”韵诗打开电脑，和程挚一起写起了方案。

两个星期后，TD集团发布了“员工职业生涯规划优化方案及工作组任命”，里面有若干项可执行、可落地、可跟踪的员工职业生涯规划举措，并任命由人力资源总监徐亮牵头的工作组。看到这个发文，程挚和韵诗脸上露出了自豪的微笑，他们仿佛看到员工谈论自己职业规划时脸上绽放的灿烂笑容。

5 在时间节奏上进行激励的创新

徐亮和哲涛、薪酬福利 COE 冬梅一起讨论对关键人才的激励，因为在公司年会上大家达成的激励导向是“好钢用在刀刃上”——激励要向关键人才倾斜。

在讨论中，徐亮提出一个新问题：激励的资源是有限的，特别是随着行业的增长空间越来越小，每年的奖金包增长也越来越小，这时如何起到更有效的激励作用，就要在激励的方法上再做创新。除了在分配对象上的创新（即向关键人才、高绩效员工倾斜），是否还可以有其他方面的创新。

冬梅思考了一下，说：“我们前期对员工做了一个薪酬方面的调查，发现大部分的员工更倾向于获得短期的激励，比如半年奖、季度奖，甚至随时激励。特别是在项目上的员工，他们完成一个项目后，往往希望立即得到项目奖金，而我们目前把奖金放在了年底，显然难以满足员工的需求。现在越来越多新生代人才进入公司，他们在等待激励的兑现上耐心不足，更倾向于获得及时的激励。”

哲涛也回应道：“确实如此，如果一年只有一次奖金，激励周期太长，特别是对于一线创造业绩、为公司获得收入与利润的员工，他们更渴求一次畅快的胜利回报体验。”

徐亮高兴地拍了一下大腿：“很好，我们接下来就应该在激励的时间节奏上进行创新，通过调整激励的发放周期、发放频次，以获得更好的激励效果。下面我们来分析一下，针对不同的群体可以分为几种不同的激励方式。”

经过一番热烈的讨论，他们明确了初步的思路，就是把奖金的分配节奏分成四类：

第一类，季度奖金。针对在项目上的员工，以项目奖金的方式发放。

第二类，半年奖金。针对不在项目上的员工，主要是职能平台上的员工。

第三类，随时激励。从年度奖金里划分出一小部分，分给每个业务部门一定的额度，以奖励券的方式（分成不同面值的金额），业务主管可以随时发放给员工，员工按奖励券的面值申领奖金，会在下一个月的工资中发放。

第四类，年度奖金。到年底看整体公司、各部门的业绩情况，以及根据员工年度的贡献，会有一部分的奖金仍然在年度发放，并根据前期发放情况对不同部门、人员奖金进行一定的调整。

讨论出奖金发放周期的初步方案后，徐亮说：“我们要尽快形成初步方案，在集团的经营管理例会上讨论。讨论通过后，还要进一步制定各类奖金的评定与发放细则，把奖金方案公布给员工并做好宣传。只有提前让广大员工了解奖金规则，他们才会朝着这个既定的方向冲锋，奖金规则才能起到正确的导向作用。”

哲涛很有感触：“我想不仅在奖金分配上，还有在其他 HR

工作上，通过改变时间节奏也可以取得更好的激励效果，比如晋升的节奏、绩效管理的节奏、岗位调整的节奏、主管与员工沟通的节奏等。也许，改变时间节奏是 HRBP 给业务创造价值的一种新方式。”

第十三章
提升士气，激活队伍

❶ 通过讲故事去传播核心价值观

兰洁最近在组织各事业部 HRBP 向业务部门宣传公司的核心价值观，因为近期公司内发生了一些不符合公司价值观的现象。比如不尊重客户引起客户投诉、员工迟到早退、职务腐败等，公司要求进一步强化全员对核心价值观的学习。

在准备下发的学习材料中，兰洁发现里面都是对公司相关规定的学习，加上一些违法乱纪的负面案例，整个材料非常枯燥。

兰洁本身是一个情商很高、很重视别人感受的人，她想："这样的宣传材料，业务主管与员工看了会不会有触动呢？应该不会，因为大家觉得这都是别人的事情，和自己无关。好的材料的标准是什么？应该是能够触动他人，特别是能引起共鸣，这样才会有效果。另外，不能只讲负面的案例，还要宣传正面的案例，而且正面的案例应该更多，这样才能激发正能量，让更多的人做积极、正面的事情。”

想到这些，兰洁就去找徐亮、哲涛沟通，建议把学习材料修改一下，增加一些正面的案例。另外，对于原来的违反乱纪的案例，不仅仅是像报道案件一样简单地描述事件，还应该增加当事人的亲身说法，比如当事人写给公司的发自肺腑的忏悔信（可以隐去姓名等隐私信息），以及其行为对家人造成的影响，还可以描述其家人写给公司的催人泪下的致歉信等，这样整个宣传就很生动、能打动人了。

徐亮很赞同兰洁的建议，让她重新思考公司价值观宣传的方式。他说：“我们的核心价值观宣传，要做在平时，不要在不良事件发生之后，才能起到提前预防的作用。另外，应该大量挖掘蕴藏在员工中的正面、积极的行为，比如客户为先、敬业爱岗、艰苦奋斗、开拓进取等事例，并用说故事的方式传播。不仅仅是学习材料，还要让各部门内部用研讨会的方式，充分发掘身边的优秀人物和事迹，树立起标杆。

“最重要的是，我们要用讲故事的方式而不是用讲道理的方式传播，这样员工会感觉更亲切、更容易接受，也更能打动员工的心。我们用讲故事的方式把员工中的良好行为识别出来，不仅在于这个行为本身的结果，还在于这个行为能不能促使他人重复这种行为。我们要通过宣传好的行为，鼓励他人重复类似的行为。单靠说理并不能改变人的行为，只有说出员工中的真实的故事，让其他员工受到感染，才能让更多的人发生改变。榜样的力量不一定是永恒的，但重要的是让后面的人被调动起来，而且这种激发是持续的，是以行为影响行为、一人影响多人的。”

哲涛点头说："我们要让正能量得到充分的弘扬，把负能量压制下去，两者的关系是你进我退，'逆水行舟，不进则退'。"

兰洁接着说："是啊，核心价值观的宣传应该自上而下、自下而上相结合。以前我们采取的主要是自上而下的方式，所以业务主管与员工都是被动接受，现在让他们自己来说、自己找案例，积极性就调动起来了。而我们就把他们发现的案例进行提炼和宣传，起到助推作用，这样价值观宣传工作效率就更高了、效果就更好了。"

② HRBP 要做"环境氛围工程师"

沟通完核心价值观的传播后，徐亮和哲涛、兰洁沟通 HRBP 在组织环境氛围建设中的角色和作用。

徐亮说："HRBP 要根据组织战略与业务的需要，营造良好的组织环境氛围，以促进业务更好地发展。因为环境氛围改善了，员工对组织的归属感、认同感也会提高，工作效率就更高了。HRBP 的角色就是组织的'环境氛围工程师'，要主动组织各种活动来营造良好的组织环境氛围，就像园丁护理整个园林的生态环境一样，浇花、除草、打扫卫生，要传播正能量、清除负能量，营造良好的内部、外部生态环境。"

兰洁问："内部生态环境我比较了解，但外部生态环境 HRBP 如何影响呢？"

徐亮说："这正是 HRBP 容易忽略的，其实外部生态环境对企业的发展也很重要。它就像我们日常所需的阳光、空气和水，平时没发觉它的重要性，出了问题之后才发现没有它不行。外部生态环境主要是企业的品牌建设，重点是我们的客户、显在和潜在人才、政府相关监管机构、媒体等对企业的认知与评价，具体来说就是品牌的知名度与美誉度。当然，对HRBP来说，最应该关注的是雇主品牌的建设。”

兰洁恍然大悟：“这下我明白了，具体来说HRBP就是做好与政府劳工部门、高校、各类人才中介与媒体等的关系维护，以及管理好外部人才对公司的认知，让相关方觉得TD集团是一个好雇主。”

哲涛向兰洁投去赞赏的眼光：“兰洁说得很好。我补充一点，就是对于劳工风险的预防，以及劳工事件的处理和应对，这也是HRBP要特别关注的。因为一旦出现劳工事件，处理不好就会对企业造成很大的负面影响，特别是媒体的报道更容易使事件的影响扩大和失控。我们要特别谨慎，要和劳工部、媒体处理好关系，这方面也需要公司公共关系部门、法务部门参与进来。”

徐亮微笑着点点头：“很好，你们讨论得越来越深入了。从某种程度上说，HRBP还是外部资源与能力的整合者。HRBP的价值在于你的连接能力，你平时连接了多少外部组织、外部人员，决定了你对外部生态环境营造能够起多大的作用。”

哲涛接着说：“我要把今天讨论的内容传递给所有的HRBP，增强HRBP在营造组织环境氛围方面的意识，掌握必要的方法，发挥应有的作用和价值。”

3 氛围营造需要业务主管身体力行

TD 集团有一个一直传承下来的理念，就是业务主管是人力资源管理工作的第一责任人。这里的人力资源管理工作包括人才引进、绩效管理、培训提升、员工激励等，也包括组织环境氛围建设。

HRBP 是业务主管的伙伴，帮助业务主管把这些人力资源管理工作做好，是助推者的角色，或者是组织者的角色，但第一责任人仍然是业务主管。

兰洁最近在挖掘核心价值观建设的好故事的时候，发现有两个业务主管做得特别好，部门员工的士气也很高，属于公司的优秀团队。

地产事业部总经理李成有一个习惯，喜欢邀请员工乘坐自己的专车（公司大部分员工集中住在公司开发的某个住宅区里），每天上下班的时候他会邀请一两位下属或几位普通员工一起乘车回去。因为有专门的司机开车，李成可以和员工轻松自由地聊天。通过在路上的几十分钟，他尽量多倾听，了解员工的工作情况，工作中有没有遇到问题或有什么困惑、有什么需要帮助的地方、对事业部的管理有什么改进的建议等，一年下来就可以完成与几百位员工的沟通工作。

其实通过这种方式，也是李成了解基层业务、事业部管理现状的好办法。他认为："管理者到了一定的位置就不知道一线发生了什么，也听不到基层员工的声音了。我会根据员工反馈的意见，对事业部的管理工作做出改进和优化。”而乘坐过李成的车的员工都特别感动，事业部总经理能够倾听他们的心声，帮助他们解决问题，这些员工的工作积极性提升了，对公司的认同感、归属感也增强了。

还有一个主管，晚上如果加班，下班时会在办公室里转一圈，看到有员工还在加班就给他们送一些点心，还会和员工用手机自拍合照并发给员工留念。这让员工觉得特别温暖，有的员工还把合照冲洗出来放到办公桌上，激励自己继续努力工作。

这样的例子还有很多，兰洁总结说：“组织氛围的营造需要业务主管，特别是一把手率先示范、身体力行。有时候，业务主管只需要做一些细节上的关心，并且持续做，就能够在员工中荡起层层温柔的涟漪，不断传播出去。”

大脑有弹性，才有创新力

这一天，兰洁在班车上遇到一位研发部门的员工，他看上去很疲倦。于是兰洁就关心地问：“你还好吗？你看上去非常疲惫啊……”

这位员工神情有些呆滞，说：“哦……是……最近每天都加班到很晚，回到家已经是夜里 11 点多了，今天早晨 6 点多又爬起来上班，感觉身体透支了，脑子里也硬硬的……”

兰洁已经看到很多员工都是这种状态了，她很担心这些员工，长时间这样工作，他们的身体是否能够承受得了。

她在想，这样的状态，员工的工作产出高效吗？特别是从事研发这样的工作，需要大脑足够清醒、灵活，才有创造力。大脑的自由性（弹性）越高，人在组织内的工作有效性就越高。

要使大脑活化、有弹性，一方面，要让员工干擅长的、喜欢的、有兴趣的、有成就感的事；另一方面，要让员工有时间和空间去思考，而不是将工作排得满满的，不断被催着、赶着，还不能把事情完成，没完没了的事情在身后追得喘不过气。心要静下来，才能反映事物的本来面貌，就像湖面总是动荡，是不会有清晰的倒影的，只有静下来，才能成为一面镜子。

兰洁认为自己有必要和研发部门的主管沟通一下，于是到办公室后她径直走到研发部门主管蓝明的办公室。她和蓝明沟通了一下所见所想，建议蓝明在部门内部讨论一下如何既能让员工完成工作目标，又不加班过多，特别是让员工提高工作效率、劳逸结合，保持健康的身体与良好的精神状态，才能走更长的路。

“我们应该追求长期而持续的组织绩效，而非短期的组织绩效。”兰洁把自己的核心观点亮了出来。

蓝明其实对员工加班的现象也有所察觉，但没有想到这么严重，他的本意也不是让员工加班，而是以结果为导向，更灵活地安排时间完成工作任务。他也意识到需要在内部的管理方式、部门的工作风格与组织氛围上有所改变。

“非常感谢你提醒了我，很多人可能会认为研发人员加班是理所当然的，会认为我也支持加班，所以从来没有人和我提起这件事情。你是第一个给我提出建议的人，真不愧是HRBP，你是在帮助我做好人员管理工作，同时也是在帮助员工改进工作方式和生活方式。”蓝明由衷地向兰洁表达了谢意。

后来，经过蓝明和部门其他管理者一起讨论，认为要向员工提倡“高效工作、快乐生活”的观念，让他们更多地关注自己的工作状态。另外，研发部门的员工可以根据自己的工作状态进行弹性的工作时间安排，只要在期限前完成工作目标即可。每天规定一个核心的工作时间段（比如早上十点半到下午四点半），在核心时间段里，员工需要在公司正常工作，其他时间属于弹性的时间，员工可以根据自己的工作完成情况、工作状态做出灵活的工作安排，可以早上提前到公司，也可以下午提前离开。员工晚上加班的时间也算有效工作时间，加班可以选择调休。

研发部做出作息制度的调整以后，经过几个月的实施，工作效率不仅没有降低，还有一定的提升，员工的工作积极性也明显提高了。

5 发挥员工“自媒体”的作用

随着组织氛围调研工作的深入，兰洁发现，不仅业务主管对组织氛围建设有重要影响，员工的作用也越来越大。特别是互联网时代的到来，每个员工都成了一个“自媒体”，他们向周边的人传播着各种正向的或负向的信息，组织氛围建设工作的挑战更大了。

所以，组织氛围建设的工作要更加重视员工个体的感受，让员工个体成为组织正面宣传的一部分。而对员工个体的关心，不应仅仅在工作上，其边界正在不断扩大，延伸到了员工的生活层面。

在TD集团各事业部开展的组织氛围建设活动中，要更加关注生活、关注个体，以下是一些具体的案例。

- “模范家属”：年度评选，让员工的丈夫、妻子或父母从幕后走到台前来，感谢他们在背后的默默付出。
- “和睦家庭”：年度评选，夫妻俩共同经历风雨，相互理解与支持，保持恩爱和睦。
- “幸福秘诀”：讲座，邀请婚恋专家以及幸福家庭来分享幸福的秘诀。
- “Family Day”：请员工家属走进公司，了解员工实际的工作环境、就餐环境等。
- “优秀子女教育”：请培养出优秀子女的父母来分享教育的经验。
- “单身男女派对”：公司业余活动协会组织内外部的单身男女派对，帮助单身员工尽快“脱单”。
- “健康十分钟”：每天在公司里播放十分钟音乐，让大家动起来舒缓筋骨，增进健康。
- “怦然心动”：团队内每人准备一份礼物，然后大家在一起以抽签的方式领取礼物，给自己、给别人一个意外惊喜。
- “天使的关怀”：每人自己选取一位同事，自己充当

“天使”，每天悄悄地做一件让对方感动的事情，持续一周。一周后，部门内请该同事猜“天使”是哪位，并公布真正的“天使”。

- “我爱暴走”：员工自己组团，用“微信运动”管理，每天完成若干步数的运动。公司对给坚持连续完成1个月、3个月、半年、1年的团队颁发不同的奖项。

兰洁观察到，公司在开展这些活动的时候，员工个体就成了一个媒体发布中心，自动自发地在微信中发送图文信息，把正能量辐射到四周的人。

兰洁还留意到，员工这个“自媒体”的角色不仅会传播正面的信息，还会传播负面的信息，所以要做好对员工“自媒体”的管理。最好的方法是在内部建立一种相对自由的渠道，让员工可以宣泄压力与不满情绪，不然他们会把这些负面的东西宣泄到企业外部，反而对公司造成不良影响，甚至是难以控制的负面影响。

有什么办法可以做好这方面的管理呢？兰洁想到一个办法，就是建立内部社区。员工在内部社区中可以尽情“吐槽”，公司安排一些管理员做适当的管控与引导即可。这样既可以引导员工情绪，又可以把负面信息的风险控制在一定范围内。另外，可以以部门为单位，发放一定的“谈心”费用，部门主管或者业务模块的主管可以请员工“喝咖啡”，特别是对近期工作压力比较大的员工，或者工作、生活上有困惑，遇到困难的员工，通过日常的沟通，提前识别潜在风险，防患于未然。

兰洁和徐亮、哲涛沟通了这些想法，他们都非常赞同，并通过 HRBP 例会把相关的工作措施落实到一线。

⑥ 主动融入“咖啡文化”

皓枫是 HRBP 管理部中性格最安静的一个，平时喜欢思考、写方案，PPT 做得特别好，HRBP 管理部的很多材料都出自他之手。因为他做事太专注了，有时大家在微信里发红包，或者召集大家吃生日蛋糕等，他都错过了，属于典型的“后知后觉”型。

有好几次，业务部门的同事邀请皓枫去喝咖啡或参加聚餐，皓枫都婉言拒绝，宁愿自己安静地待着。在饭堂吃饭时他大部分时间也是独自一人。

哲涛发现了这个情况，觉得有必要和皓枫谈一下，所以邀请皓枫到楼下星巴克喝咖啡。开始时皓枫还不太情愿，觉得有事情直接在办公室谈就可以了，不需要到外面去，后来实在盛情难却才“移驾”星巴克。

来到咖啡厅，哲涛点了两杯卡布奇诺，看到皓枫一口喝了近半杯，他忍不住笑了：“你别急，我们有时间。”然后向四周的人努努嘴：“你认为他们在做什么？”

“在喝咖啡啊。”皓枫不假思索地回答。

“不仅如此。”哲涛说，“他们是在交流。你知道他们为什么来咖啡厅里交流，而不在其他地方，比如办公室或者楼下的广场交流？”

“也许他们喜欢喝咖啡，这里的氛围比较好。”

“你说对了一部分，其实最重要的是，在这里他们可以很放松地交流，他们享受交流的快乐，咖啡的香气会增进他们的情感联系、激发他们的灵感。很多时候在别的地方不会谈的东西在这里会谈，很多在别的地方碰撞不出的思想，在这里会孕育出来。”

哲涛看出皓枫有所思考与领悟，接着说：“我们要了解员工的想法，特别是最真实、最底层的想法，也要借助各种环境，比如咖啡厅里闲聊、饭桌上的觥筹交错，还有踢完球后大伙坐在草地上喝可乐时的东拉西扯……在这样的环境中，你可能会听到在办公室永远都听不到的信息、更接地气的信息。”

皓枫喃喃自语：“貌似我比较少出现在这样的场合……你觉得我应该多参加吗?”

哲涛笑笑说：“这要看你的个人情况，但我的建议是不要经常拒绝其他人的邀请，因为你拒绝几次之后，别人也许永远不会再邀请你了，你永远也听不到员工真实的心声了，就等于给自己与周边人之间竖起了一堵墙。这可不利于 HRBP 的工作，因为 HRBP 根本上就是业务伙伴，伙伴是需要在各种场合沟通交流的，你要懂得业务主管及员工的工作、生活的真实情况，知道他们的所思所想，才能为他们服务，给他们提供好的建议，才能帮助和影响他们。”

皓枫自我反省道：“是啊，如果我做方案的时候不了解一线的情况，提出的解决方案可能是闭门造车，不符合一线的实际情况，甚至会南辕北辙，这是很要命的。我以前真是错过太多这样的沟通交流机会了，我以后一定会改进。”

哲涛喝了一口咖啡，似乎在品味唇齿间的留香，然后缓缓地说：“这不仅是你工作上的改变，还是你生活上的改变，能让你更加开放、更有智慧、有更多的朋友。总之，你会更享受人生。”

防范劳工风险，确保组织安全运营

由于最近一年TD集团的劳工诉讼案件有上升的趋势，徐亮请哲涛及员工关系COE小灵一起来沟通。

徐亮说：“我们要从机制建设上进一步做好劳工风险管控，确保组织安全运营。HRBP要做的不仅仅是提升主管与员工的风险管控意识，让他们自觉遵守，更应该建立一种机制去防范与控制风险。正如春运的火车上，你提倡大家都买票上车，但没有设置入口的检票人员，这样大家都不会去买票。所以，检票闸口是一道进入的屏障，再加上工作人员在车上抽检，就能使人们养成买票乘车的习惯。”

哲涛也提了一个建议，就是在HRBP的职责要求中加入一条“防范劳工风险，确保组织安全运营”的职责，以便HRBP能够推进劳工风险防范的日常工作。

徐亮说：“HRBP要有意识与能力识别风险，并且要主动提醒业务主管与员工，一定要落实行为层面的介入。”

徐亮介绍了自己以前在欧洲工作时遇到的情形，那时自己初到荷兰一个星期，就被同事友情提醒过三次：第一次是未留意木质楼梯的噪音，扰邻了；第二次是未将垃圾桶推回宿舍区，阻碍街道；第三次是垃圾桶未及时清洁，被邻居写了纸条提醒需要清洁垃圾桶了。欧洲人尊重社会责任和秩序的风格，仅从遵从“倒垃圾”的规则就可窥一二。但这些提醒很有用，后来徐亮就再也没有出现过类似的问题，外在的提醒可以促使人们改变行为。

小灵说：“业务主管及 HRBP 还要懂法、知法，才能更好地防范与处理劳工事件。我们可以邀请公司法务的同事给业务主管及 HRBP 做法务培训，另外给每人发放一本劳工法，让他们可以时时查阅，潜移默化地增强他们的法律意识与能力。”

第十四章
HRBP 如何呈现自身价值

1 打造属于自己的“爆款”

一年到头要做年终总结了，哲涛在与韵诗回顾一年的工作时，韵诗更多的是把自己一年当中所做的常规性工作罗列出来，这些工作是公司安排或要求做的，她完成得也还可以，但是总让人觉得缺少了什么。

哲涛问韵诗：“你觉得这一年来，你的工作亮点是什么?”

韵诗想了半天也答不上来，最后只得问：“什么才算是亮点?”

哲涛说：“你听说过最近的一个流行语——‘爆款’吗?”

韵诗马上说：“我知道，爆款就是指在商品销售中供不应求、销售量很高的商品，我们通常说的卖得很多、人气很高的商品。”

哲涛点点头：“对我们 HRBP 来说，就是某项有明确目标与计划，过程做得很深、很透，结果很有成效的工作，这就是你的‘爆款’。

“我们不能只满足于日常的工作，要经常思考我的爆款是什么？如何打造爆款？这就要求自己把一两件工作做到极致，不仅在专业方面，还要在业务的感知上做得很好。对于你的爆款，你应该系统、全面、深度、端到端地思考，确保从头到尾都有完整的解决方案。”

这会儿韵诗慢慢地进入状态了：“这样看来，去年我在辅导新干部上岗，以及管理者能力提升方面做得还可以，接近这个标准。但是还有一定的距离，就是缺少整体的解决方案与明确的目标，做得还不够透，需要进一步加强。”

韵诗坦诚、真实，哲涛很认可：“嗯，说得对，一件事情如果只是开了个头，浅尝辄止，就是什么效果都没有，相当于没做。如果只是做了一半，半生不熟的，就像青涩的果实，让人总觉得不够味，望而却步。只有把它做深做透了，就像果子完全成熟了，你就能够享受其中的甜美芬芳了。”

韵诗接着说：“这让我想起了盖教堂的例子，我们应该以盖教堂而不是搬石头的精神去工作，而教堂只有在完全盖好并装饰完毕以后才会焕发出金碧辉煌、无与伦比的美丽，赢得无数赞誉并长传福音、影响后世。如果教堂只盖一半，能够想象这是什么情形。”

哲涛竖起了大拇指：“你触类旁通，领悟得很快。最近刚好我们要做新一年的工作规划了，每个 HRBP 要从如何给所在业务部门创造价值的角度思考去做哪些‘爆款’的事情，这些事情不限于常规的 HR 工作框架，你们可以根据所在部门的业务需求自主思考。”

韵诗俏皮地眨眨眼："你的意思是鼓励我们摆脱常规？"

哲涛肯定地回答道："对，只有摆脱常规做事情，才能体现特别的价值。所以，不要只是埋头做那些领导交代或其他部门要求的事情，而是要另辟蹊径，做有价值的事情。"

要始终关注工作的有效性

哲涛最近在阅读彼得·德鲁克的《卓有成效的管理者》，书中的一些观点让哲涛产生共鸣，特别是书中反复提到的"有效性"的概念——"有效性就是使能力和知识资源能够产生更多更好成果的一种手段""有效性是一种后天的习惯，是一种实践的综合。既然是一种习惯，便是可以学会的。"

哲涛认为 HRBP 特别需要关注工作的有效性，这个有效性是对公司战略落地、业务价值、管理者与员工的积极改变而言的。

书中提到的卓有成效的管理者必须在思想上养成五项习惯，哲涛认为同样适用于 HRBP，他把这五项内容中的"管理者"改为了"HRBP"。

一是有效的 HRBP 知道时间用在什么地方。他们所能控制的时间非常有限，他们会有系统地工作，善用有限的时间。

二是有效的 HRBP 重视对外界的贡献。他们并非为工作而工作，而是为成果而工作。他们不会一接到工作就一头钻进去，更不会一开头就探究工作的技术和手段。他们会先问自己："别人期望我做出什么成果?"

三是有效的 HRBP 善于利用长处，包括自己的长处、上司的长处、同事的长处和下属的长处。他们还善于抓住有利形势，做自己想做的事。他们不会把工作建立在自己的短处上，也绝不会去做自己做不了的事。

四是有效的 HRBP 集中精力于少数重要的领域。在少数重要的领域中，如果能有优秀的绩效就可以产生卓越的成果。他们会按照工作的轻重缓急设定优先次序，而且坚守优先次序。他们知道要事第一，重要的事先做，不重要的事放一放，除此之外也没有其他办法，否则会一事无成。

五是有效的 HRBP 必须善于做有效的决策。他们知道有效的决策事关处事的条理和秩序问题，也就是如何按正确的次序采取正确的步骤。他们知道一项有效的决策总是在"不同意见讨论"的基础上做出的判断，绝不会是"一致意见"的产物。他们知道快速的决策多为错误的决策，真正不可或缺的决策数量并不多，但一定是根本性的决策。他们需要的是正确的战略，而不是令人眼花缭乱的战术。

上述就是 HRBP 卓有成效的要素。

哲涛发现，在 TD 集团绩效表现不错的 HRBP 往往能够主动与本部门的业务主管定期沟通与讨论他们对 HRBP 的工作期望，沟通的内容包括以下问题：

- 您认为业务战略的落地，哪些部分是需要 HRBP 来支撑其落地的？
- 您认为目前业务的痛点是什么？从人力资源的角度，您认为我们做哪些事情可以帮助您解决这些痛点？

- 为了构建 3～5 年的业务竞争优势，我们有哪些组织能力是缺失的？其中有哪些组织能力是 HRBP 能够帮助您构建的？
- 您还希望 HRBP 给您提供哪些价值？

如果没有这样的沟通交流，HRBP 就容易丧失热情、得过且过，或者只关注自己的专业领域，看不到整个组织的需要和机会。

哲涛曾经和徐亮对此有过深入的沟通，徐亮提出过一个深刻的问题——HRBP 如何才能创造价值及达成成果？可见，他非常看重 HRBP 专注于人力资源工作的成果及影响。徐亮认为，目前 HRBP 的角色定位的“盲点”是“专业”角色的自持，太强调人力资源的专业，缺乏系统思考，没有站在公司整体立场去思考，没有兼顾短期与长期因环境变动所带来的组织能力的差距而采取有效的措施，帮助组织达成业务成果。

作为 HRBP 管理部部长，哲涛面临的挑战是，如何定义 HRBP 的工作成果并具体证明 HRBP 如何达成了这些成果，从而把 HRBP 的工作重心从“所做之事”转移到“可达成之成果”上。

哲涛认为，如果 HRBP 能够匹配组织内部客户及外部客户的需求，公司就有可能成功。未来对 HRBP 的标准要求必须比过去及现在还要高，他们必须从过去传统 HR 维护公司政策及严守公司规则的角色，转变成创造价值的伙伴、参与者及开拓者。因此，HRBP 必须使自己真正成为业务的合作伙伴，他们对人力资源解决方案的设计与落地必须能提升组织能力与员工的能力，必须能创造价值及达成成果，并帮助组织成功。因此，如何围绕客户的需求，围绕业务伙伴的需求，通过提供解决方案来创造价值，是做好 HRBP 未来定位的核心问题。

哲涛还进一步思考对 HRBP 工作成果的衡量指标，它们可能包括组织的人才满足率、人力资本投资回报率、客户满意度、经营的结果。这些指标已经与过去衡量的招聘完成率、人员离职率、绩效管理覆盖率、培训覆盖率、员工满意度等传统指标有着显著区别，而走向更加关注组织的成果、给客户创造的价值、人力资源的投入产出效益，建立人力资源与企业经营成果的关联性。

3 做好一线管理者的 HR 教练

哲涛在审阅各事业部 HRBP 年度工作总结的时候，留意到各个 HRBP 都有做得比较好的方面，有的在帮助组织变革方面做得好，有的在新员工辅导方面做得好，有的在人力资源预算的管控方面做得好，有的在劳工风险的应对上做得好……他感到非常欣慰，因为各个 HRBP 都在各自的岗位上发挥了一定的价值。

当他看到家电事业部的 HRBP 韵诗总结了好几个案例是关于她如何辅导一线管理者做好人员管理工作的，他内心微微一震，意识到这是 HRBP 能够发挥价值的重要方式。他逐步发现，很多管理者特别是一线的管理者，在人员管理方面的意识和能力很弱，有的甚至会犯一些低级错误。这些错误由于没有人去指出并纠正过来，导致错误一直在延续，而其对团队及员工个体产生的消极作用也在扩大，就像病毒侵蚀人体的部位越来越多，人感觉到不适却不知问题何在，这是很要命的，长期下去可能导致疾病积重难返。

HRBP 就像一个专业教练，观察管理者的日常人员管理行为。如果发现某些管理者在人员管理方面行为不当，就可以及时告诉他们如何做才是正确的；或者某些管理者不懂人员管理，就像“盲人摸象”般在试探，这样不仅效率极低，还存在失误的风险，HRBP 就可以手把手的直接把他牵引到正确的地方……这样做的好处是，HRBP 只是辅导了屈指可数的几个管理者，但是管理者却覆盖了几十位甚至上百位员工，事半功倍，用一个词来表达就是“纲举而目张”。

所以，HRBP 工作的抓手是抓好管理者的人员管理工作，使他们的人员管理动作更规范、更高效、更有效。

因此，哲涛认为 HRBP 应成为一线管理者的 HR 教练，让管理者承担起人员管理的责任，帮助管理者提升人员管理的意识与能力。这是 HRBP 迫切需要建立的角色认知。

当哲涛把这个想法与部分 HRBP 交流时，有的人却觉得心虚，说：“作为管理者，总是有较丰富的人员管理经验的，还需要我们教他们吗？我们有这个能力去教他们吗？”

对这些不够自信的想法，哲涛能够理解，但他告诉 HRBP 们，要先使自己变得专业，至少在人力资源管理方面比绝大多数管理者更专业，这样才能给他们提供指导。当然，这需要下苦功夫学习、积累和总结。无论如何，HRBP 都要建立这样的专业自信。

另一个原因是“当局者迷，旁观者清”。作为管理者，身处其中，往往看不出自己的问题在哪里，就像在迷雾中的人往往看不清楚方向，而在迷雾外的人却看得很清楚一样，只要提示一下，他就很容易走出来了。这就是外力“助推”的作用。

接着，哲涛给HRBP们集体培训《非人力资源管理者的人力资源管理培训》这门课程，并让每位HRBP试讲这门课程，以便他们回到业务部门后，能够给一线的管理者进行赋能。在培训结束时，哲涛开玩笑地说：“HRBP的教练之路，路漫漫其修远兮，吾等将上下而求索’。”众人听罢，哈哈一笑间，新的使命已注入心间。

4 HRBP应随身携带的“三板斧”

TD集团前期只是对各事业部设置了HRBP岗位，但在集团职能部门（财务部、行政部、法律部、投资发展部、媒体部等）没有配置HRBP，随着职能部门对HR管理工作专业化的要求提高，这些部门提出配置HRBP的需求。

哲涛和徐亮沟通，对所有职能部门的HR工作配置一位HRBP来对接。他们从外部招聘了一位HR，叫馨菊。馨菊从某名校人力资源管理专业毕业三年，一直在一家能源行业的国企做模块HR工作。

经过一段时间的考察后，一些职能部门的主管向哲涛反馈，馨菊与他们的沟通互动不够，平时做的大多是事务性、跟进性的工作，在参加本部门的讨论会中几乎没有发言，更多只是倾听。这些主管还认为馨菊对工作的跟进及反馈不够及时，经常在他们的反复催促下才有进展。

哲涛找馨菊本人了解情况，她反馈自己在工作中没有找到感觉，事情又多又杂，总也忙不完，只能胡子眉毛一把抓，干一件是一件。她说自己在部门讨论会插不上话，虽然听了不少部门讨论会，但自己总说不出什么来，越听越觉得自己无知，反而更没信心了。

馨菊非常困惑，不知怎样体现自己对这些职能部门的价值，甚至有打退堂鼓的打算，觉得自己不适合做 HRBP，想做回模块 HR 工作。

哲涛深入分析后，认为馨菊还没有进入 HRBP 的角色，特别是没有掌握 HRBP 的思维与工作方法，导致工作没有成效。哲涛用了三个词，建议馨菊加强三个方面的工作：

Connection（连接）：要主动与业务主管产生连接，要与他们有共同语言，并琢磨他们经常在想什么，他们感觉最“痛”的是什么，能够把他们关心的事情搞定。这就需要 HRBP 不断沟通，把准业务主管的脉，从而形成自己的工作思路。前期馨菊就是因为没有主动与业务主管连接，导致不知道他们的需求，自己的影响力也越来越小。

Key tasks（抓重点工作）：抓住对业务真正有价值的工作，不要面面俱到，少就是多，要在少而重要的事情上取得显著突破，才能体现出自己的核心价值。哲涛又和馨菊讲了“打造爆款”的道理。

Solution（解决方案）：要给业务主管提供 HR 解决方案，而不是听主管说什么就做什么，要有自己的观点与思路，要从分析痛点和根本原因入手，提出综合性的解决方案，帮助业务主管解决最关心的问题。

哲涛还对馨菊提出一些建议，就是更灵活地融入与业务主管的沟通互动中，体现出职业化、成熟的工作风格，尽量不要做成学生式工作风格的 HRBP。

馨菊第一次听到这么多 HRBP 的工作方法，脑洞大开，对 HRBP 工作更有兴趣了。因为她觉得这可以帮助自己更快地成长。她又问："你觉得我适合什么样的工作风格？"

哲涛说："没有哪种工作风格好或不好、正确或不正确，我观察公司这么多的 HRBP，工作风格有灵动柔和的、有强势的、有憋着一股劲突破的、有勤恳扫雷型的……只要能让业务主管感受到价值就可以。最终，你还是做自己，只是要让自己更加成熟、更能适应工作环境。"

5 匹配内部客户需求，呈现自身价值

哲涛对馨菊介绍了 HRBP 工作的方法，引起了她的强烈兴趣，她继续问："我怎样才能更好地与业务主管沟通呢？"

哲涛说："对 HRBP 来说，业务主管就是你的内部客户，你要更好地把握他们的需求，从而采取有效的 HR 举措匹配他们的需求，同时还要学会呈现自身的价值。"

接着，哲涛向馨菊具体介绍了自己的经验："作为 HRBP，首先要把握业务主管的关注点，多关注他们的业务战略、业务诉求、业务背景。这就要求 HRBP 懂业务，把业务的语言逐渐变成自己的语言。另外，在与业务主管沟通的过程中，不能干

巴巴地就业务而谈业务、就工作而谈工作，要有一些其他谈资，这样才能增进彼此的关系。”

哲涛建议馨菊学习一下客户经理是怎么对待客户的，他们会尽量多收集、多了解客户的各方面信息，包括客户的兴趣爱好、关注的话题、家庭情况等。有的客户经理甚至要求自己进入客户的三个圈子——“工作圈、生活圈、家庭圈”。他们定期了解各种新资讯，如汽车、时装、包包、手表、电影、歌曲、餐馆等时尚信息，因为他们不知道和客户接触的下一刻客户会聊到什么，但自己要接得上话题。他们要求自己提升品位，能与客户谈论各种高端时尚的东西，要有这个“范”，要让客户觉得他们“有聊、有趣、用心”。

馨菊感叹道：“原来客户经理光鲜的形象背后需要做这么多准备工作啊，真不容易。”

“是啊，特别是客户高层，其实高层比基层更关注细节，因此客户经理要在细节上做好充分的准备，特别是对沟通材料的准备更是精益求精，到了苛求的地步。因为与客户接触的每一刻都是客户经理的关键时刻，一旦错过，时不再来。”哲涛也很有感触，他在地产事业部的时候看到很多客户经理付出了常人不能想象的汗水与泪水，他们不仅要抢占客户时间，还要抢占客户的认知。

哲涛接着谈 HRBP 与业务主管沟通的方法：“我们和业务主管沟通，总的原则是尊重、平等地对话，但要注意时机与技巧。有时，你要做成一件比较难的事情，第一次与业务主管沟通也许他不接受，但是你不要气馁。如果你觉得这件事情很重要，自己的想法是对的，就要在适合的时候再次提出、持续沟通。要注意场合及业务主管当时的情绪状态，顺水推舟比逆水行舟容易得多。人都是情绪的动物，我们要管理好业务主管的情绪，在合适的时候说合适的话、做合适的事，这样比较容易成功。

“在沟通前要做好充分准备，除了沟通的材料本身，还包括提前预设问题，就是列出业务主管可能会提出的问题并提前做好如何回答的准备。在沟通的时候，要沉稳、灵活、清晰有效地表达，同时要注意倾听。你要时刻带着显微镜，从业务主管的只言片语中看到他们背后的意图和想法。”

馨菊似乎想起了以前与业务主管沟通的一个场景：“有一个问题，需要业务主管决策的时候，我只需要提供必要的信息给他参考是吗?”

哲涛说：“这是不够的。你还要有几个备选方案，说明各个方案的优缺点并做好优先排序。这样业务主管比较容易做出决策，也会认为你的工作做得比较到位，能够从他的角度去思考，减轻他的工作量。”

馨菊吐了吐舌头：“那就是说我还要主动去影响业务主管。”

哲涛笑了笑说：“当然，业务主管不是什么都懂的，他需要你的帮助与引导，换句话说就是你要去影响他，你越能对他施加影响，他就越认可你的价值。你要获得业务主管对你的信任，信任主要有两个方面：一是你的人品；二是你做事情的能力。信任就是一种情感，有时情感本身也是一种生产力。”

“做 HRBP 的学问好深啊！”馨菊感慨地说。

“我再送你五句话吧，这是一个优秀的客户经理的座右铭，就贴在他的办公桌上。我觉得对 HRBP 也同样适用。”哲涛掰着手指头数着，“要每天问自己五个问题：一是有没有聚焦客户；二是有没有倾听客户；三是有没有与客户有效沟通；四是有没有与客户间建起桥梁；五是有没有给客户创造价值。”

⑥ 不要只做“语文题”，还要做“数学题”

TD 集团为了拓展医药行业，收购了一家中型医药企业，业务涉及医药的研发、生产与销售。集团在组织上新设立了医药事业部，并从集团派了程明担任该事业部的总经理，而几位副总经理都是从被收购的企业选拔的，这家医药企业的原 HR 依芸也成了医药事业部的 HRBP。

最近该医药企业即将上市一批新药，为了加强对新药的推广力度，企业招聘了 20 多位销售代表。因为这批新的销售代表在企业文化认同、销售意识、技能等方面存在不足，同时缺少绩效目标的牵引，依芸与销售部主管杨琛沟通后，拟定了一个销售代表的管理方案，并向总经理程明汇报。

在事业部经营管理例会上，依芸陈述了方案的内容，包括对销售代表群体目前存在的差距分析，以及未来的工作方向与策略。依芸花了不少时间准备了这个方案，而且和杨琛做了好几次沟通与修改，内容比较翔实，一共有 20 多页 PPT。依芸讲完后，意犹未尽，在等着程明的“点赞”。

程明听后说：“看得出你们用心思考了，但是我没有看到想要的东西。我要的是‘数学题’，而不是‘语文题’。”

依芸一听就懵了，其他在座的业务主管也有点意外，现场霎时安静了下来，大家只听到身旁的人微微的呼吸声。

程明接着说：“因为整个材料里都充满了定性的分析，有很多概念、问题、思路，但是没有数字。我向来认为有数据才有发言权，你们要用数据来引导出结论，用数据来说服我。

“你们提出销售代表群体的差距，比如经验不足、技能不足，能不能用数学的方式推导出来。一共有多少人；男女各多少人；没有工作经验、1～2 年工作经验、3～5 年工作经验、5 年以上工作经验的分别有多少人；他们的年龄、专业、原来所属行业的结构是什么样的；在招聘入职的专业笔试中，他们的分数情况如何等。

“在未来工作计划里，你们要给他们做培训，培训人数是多少、分为几个阶段、有几门课程、有哪几个讲师、什么时间完成、培训的效果用什么指标来衡量?”

依芸听了有点汗颜，因为整个材料中没有一个数据，都是文字说明和一些逻辑图，确实是很纯粹的“语文题”。

程明环视了一下四周：“以后你们给我汇报的时候要记住我要‘数学题’、不要‘语文题’，只有‘数学题’才能落地执行，‘语文题’只适合坐而论道。”

程明又对还站在台前的依芸说：“对于 HRBP 来说，要学会用数据说话，不仅包括人力资源的数据，还要逐步在业务数据与人力资源数据之间架起桥梁，有数据才能在与业务部门沟通中有对话权，有数据才能呈现出价值。”

依芸连连点头，心里想：“今天的这堂课的影响太深刻了，也许会影响自己的一生。”

第十五章 HRBP 自我提升，永无止境

1

把一件事情上下打通，一通则百通

最近集团财务总监韦林到地产事业部考察工作，和事业部的中高层管理干部及骨干员工进行了座谈，HRBP 文盛也有幸参加了。在座谈会上，韦总不仅谈及财务上的问题，还涉及不少业务上的问题，没想到他对业务上的问题也了如指掌、侃侃而谈，不仅涉及行业趋势，还包括业务流程的专业细节。

大家都被韦总对业务的精通程度镇住了，没想到财务总监对业务的了解程度竟然达到如此地步，连业务主管都自叹不如。

在自由提问环节，文盛忍不住提出一个问题："您是怎样做到对公司各方面业务如此精通的？我们听说您一直在财务体系工作，并没有在业务部门工作过。"他的这个问题，也是其他人想知道的，于是大家都静下来洗耳恭听。

韦总微微一笑："有句话说'只要功夫深，铁杵磨成针'，我的确在这个方面下过苦功夫。在公司的20多年，我一直在磨炼这方面的本事。"说到这韦总停住了，他讳莫如深的态度吊起了大家的胃口。

韦总停顿一下，环视了一下大家，似乎在确认大家都在认真聆听，以便他的秘诀能够得到彻底的传承。然后接着说："这么多年我严格遵循了一个原则——从上到下打通，一通则百通。

"如何理解'从上到下打通'呢？就是做一件事情，你要把自己的高度不断往上延伸，高耸入云，直通到天，具体就是指'上到战略'；而往下延伸就是要把根扎得尽量深，深到地极，具体就是指了解基层的岗位职责是什么、业务流程的每一步是什么样的。往上是'接天气'，往下就是'接地气'，这样就是从上到下打通了。

"至于'一通则百通'，就是把一件事情钻研透了，其他事情也触类旁通，因为其中内在逻辑、知识与方法的应用都是共通的。虽然我只专注在财务领域发展，但是我把财务做到了上与公司战略连接，下与底层业务连接，涉及公司业务的方方面面。从财务扩展开来的过程中，每遇到一个新的业务领域，我都会下苦功夫去弄懂、弄透，日积月累才达到今天的程度，所谓'冰冻三尺，非一日之寒'啊。

"在《管子》的《心术下》中有一句话是'执一之君子，执一而不失，能君万物'，意思就是对事物本质的道理要执着地坚持，如此才能让万物为我所用。这和我所说的'一通则百通'相似。"

听韦总一席话，文盛醍醐灌顶。文盛想HRBP工作与财务工作类似，只要把它从上到下打通并且“执一不失”，精通 HRBP 工作，一定也能够像韦总一样对业务达到精通的地步。想到这，文盛胸中产生无限的激情与动力。

要对业务着迷

韦总说：“还有一点也很重要，就是要爱上公司的业务，要把自己当成业务上的专业人士，努力学习业务知识。每次看到公司推出新的业务知识的课程与考试，我都会从头到尾学习一遍并且通过考试。通过扎扎实实地学习，我的专业知识并不比在业务岗位上的人员差，他们有时候学习还没有我认真呢。”

“你是地产事业部的 HRBP 吧?”韦总慈祥地看向文盛，文盛点点头。

韦总接着说：“建议你在与业务人员沟通的时候，或者在阅读业务类材料的时候，把业务的语言当作自己的语言，这样才能把业务语言内化到自己的知识体系与思维习惯中，才能用心看到里面的门道。另外，要把业务人员当作自己人，用心对待他们，他们才会把你当作自己人，愿意与你沟通，和你一起携手克服困难、创造未来。

“你要对业务着迷，我说的着迷是你不要浮在面上，要扎进去，了解最基础、最末端的东西，要多去基层走动。当你在 HR 工作中遇到问题时，到业务的最前端去，了解员工最真实的情况，倾听他们最真实的声音，寻找解决问题的方向和答案。”

③ 要增强流程意识

最近IT事业部为了提升对人才的吸引力，根据行业的薪酬水平重新调整薪酬框架，较大幅度地提升了每个层级的工资水平，而事业部的经营管理团队会议也顺利通过。

凌峰很高兴，自己花了不少时间和心思在这项工作上，终于有了成果。他马上把该方案发送给事业部各部门的主管，还抄送给了集团的部分领导，告知他们这个好消息。

邮件刚发出去十分钟，凌峰就接到事业部总经理马胜的电话，让凌峰马上到他的办公室。从电话的语气里凌峰隐约感觉到有什么不对劲。结果，当他走进马胜的办公室，马胜就拍案而起："薪酬方案还没有经过公司审批，你怎么就发出去了？"

凌峰还从来没有看到领导发这么大的火，一下子愣住了，结结巴巴地说："啊，还不能发吗？我没想到这一点。"

马胜严厉地说："HR的流程你没有学习过吗？政策性的东西需要经过总部的审批，这样的薪酬方案变化如此重要，是需要上集团经营管理例会讨论决策的。"

凌峰支支吾吾地说："对不起，是我疏忽了，没考虑到这个方面，确实需要走这个流程。"

马胜语气稍微有些变化，但看得出气还没消："你要有流程意识，公司有相关的流程，你要去学习，不遵循流程办事是会犯大错误的。公司花了多少时间、多少人倒在前面的路上才把这条流程之路踏出来，这都是我们宝贵的经验财富。你要懂得运用流程，按照流程办事，也是对你自己的一种保护。

“刚才集团副总裁已经给我打电话了，把我批评了一顿，说要对你的行为进行处罚。所以，我们会在今天发出一个通报批评。”

凌峰惭愧地说：“我接受这个批评，以后处理类似事情一定会谨慎，并且好好学习公司的流程。”

马胜补充道：“如果有不确定的问题，你要学会去求助，向了解政策的人确认，多问总是没坏处的。”

这件事情给凌峰的感触非常深，让他在工作中形成了比较强的流程意识。HRBP 对 HR 相关事宜不是有绝对权限和灵活性的，很多事情都需要遵循流程，以及坚持原则性。

懂得考虑相关利益方的诉求

家电事业部招聘了 150 多名应届毕业生，HRBP 韵诗通知他们毕业后尽快到公司报到，越早越好。因为学生集中在六月份毕业，所以绝大部分的学生都报了六月份入职，集中在六月份最后一周。

当韵诗把这个消息传递给培训部门、行政部门的时候，这两个部门的主管都跳起来了。他们跑来找韵诗，大声指责她：“你为什么不事先征求我们的意见？你有考虑过我们的诉求吗？

短时间内这么大的接待量，我们根本消化不了。培训的教室、师资资源不够，行政方面的座位、文具用品、工卡办理、饭堂等，都会面临非常大的压力。”

韵诗一下子懵了，自己从来没有想到过这个问题，只是希望越早满足业务需求越好，没有考虑到上下流程相关部门的需求。他们的反应如此之大也是正常的，毕竟自己没有和他们沟通过，让他们措手不及。原本自己可以采取更好的做法，比如先和相关部门开一个沟通会，充分讨论毕业生的入职计划，考虑到方方面面的因素，制定出比较合理的计划，大家就能够接受了，这样就不会发生矛盾了。

现在怎么办？如果重新调整入职计划，会影响学生对公司的印象；如果不调整，培训部门和行政部门又确实难以解决入职峰值带来的配套服务问题，而低质量的服务反过来也会给学生留下不好的印象，一入职就对公司评价不佳，初始的印象会影响长远的发展。

韵诗左右为难，就和两位主管一起去找徐亮。徐亮出了一个主意，就是发一个邮件给毕业生，给予他们调整入职时间的机会。学生可以根据需求调整到七八月份入职，理由是毕业生马上要离开校园、走进职场，工作以后假期就非常少了，陪伴家人及旅行的时间也很少，这种情况会持续很多年。所以，建议毕业生们根据自己的情况考虑一下，弹性灵活地安排入职时间，公司可接受的入职时间是九月份之前。

邮件发出去之后，短短几天时间，大部分的学生都自动申请调整到七月份和八月份入职，而且他们都很感激公司人性化的考虑。这件棘手的事情迎刃而解，反而成了一件好事。

徐亮和韵诗回顾这件事情时，他对韵诗说：“建议你考虑问题时要从端到端的流程去考虑，考虑得更全面、更长远一些，而不仅仅是眼前的一两步。这样你得出的解决方案就不是片段的解决方案，而是一个整体的解决方案。”

韵诗认为徐亮的话很有道理，让她深有感触。

徐亮继续说：“我们制定方案的时候，一定要事先和相关利益方沟通，照顾到各方的立场和诉求，让大家达成一致。这样你的方案才是可行的，后续工作才能得到大家的支持。

“当然，要做到这些的前提是，你不仅要有对上下游流程的敏感性，还要对他们的工作有一定的熟悉度，这样你才能够预测到可能会发生什么问题或风险。这就要求你对周边强相关的业务扎得够深，知道他们的需求和痛点在哪里，需要你平时多去用心观察、思考、总结和分析。

“最后一点，当问题发生的时候，一方面，不要慌，要潜心分析问题的关键所在，用创造性的办法解决问题，以便取得最好的效果；另一方面，要学会求助，因为一个人的思路是有限的，你要学会借助大家的智慧解决问题。”

韵诗感叹道：“吃一堑，长一智。从这件事情上我得到的启发和收获实在是太大了，真是不磨砺不成长。我现在知道自己还有很多细节之处需要磨炼，我会继续改进的。”

聚焦、聚焦、聚焦

新年伊始，韵诗向事业部总经理张杨介绍了今年事业部的HR 重点工作规划。这是她经过近一个月的思考做出来的，里面吸收了很多业务主管的意见，以及自己日常对业务的观察和思考。这份报告从事业部的业务战略、业务目标、业务挑战与痛点入手，推导出事业部的十多项 HR 重点工作。其中，对每一项重点工作都介绍了具体的开展思路，可以说方方面面都想得比较全面。

看到张杨不断在点头，偶尔眼神里还泛出亮光，不时对材料的某几处“点赞”，韵诗心里的大石头逐渐落地，信心也慢慢增强了。

最后总结时，张杨对这个年度工作规划给了较高的评价，说有些地方还超出了自己的期望，然后峰回路转：“你知道这份报告最大的不足在什么地方吗?”

韵诗一下语塞，脸涨得通红。

张杨笑笑说：“别紧张。我告诉你，就是重点太多，不聚焦。

“报告里列的工作很多，方方面面的都有，但是重点工作就有十多项，很多还是周期比较长的项目性工作，你做得过来吗?

“我建议你还是挑选几项重点中的重点，集中力气去做好，做出成绩和效果。不要‘撒胡椒面’，要‘捏指成拳’，这样一拳出去才能‘力透敌背’。”

韵诗在笔记本上记下这些要点，张杨继续说：“以前我觉得事情很多的时候，我的领导和我说过一句话——你每年只要做好一件事就可以了。他的意思是做事要聚焦，抓住最有价值的事情认真做好、做出成绩。所以，你要学会抓重点，要在真正值得投入的事情上‘饱和攻击’。你很有能力，但关注点和精力有点分散，相信你只要专注在某一两件事情上就一定可以做好。

“无论在什么岗位上，要取得成就一定要有聚焦的能力。这其实是一种对方向感的把握，我的特点就是强调方向感，符合我的方向感的事情我会投入时间和精力去强化，不符合我的方向感的事情我就会授权，或者干脆不做。”

韵诗这时想起自己平时有一个习惯，就是把近期要做的事情，无论大小，都列在一个本子上，做完一件就删掉一件，同时不断补充新的事情。这样做的好处是不会遗漏任何事情，但弊端就是“胡子眉毛一把抓”，把时间花在了很多低价值的事情上，在真正重要而有价值的事情上缺少投入和产出。

张扬似乎看透了她的想法：“HRBP 岗位面对很多主管和员工，事情很多很杂，很容易失去焦点，所以更需要聚焦的能力。”

韵诗又想起了以前看到很多业务主管在给下属做绩效评价的时候，往往简要列出员工做出突出价值贡献的一两点或两三点，极少超过三点。可见主管们在评价员工时，首先出现在脑海里的就是给他们印象最深刻的一两件事情。

这不由得让韵诗反思：“如果现在是做年度考核，我留给主管印象最深刻的是什么事情，我在哪几件事情上做得最有价值、最有亮点？”

这次沟通后，韵诗把自己的工作清单做了“定点清理”，先是列出了要重点突破的 TOP 3 工作，然后删掉那些与 TOP 3 工作不相关的内容，只保留或补充与 TOP 3 工作相关的内容。经过梳理后，她顿时觉得方向感增强了很多，工作起来成就感也更强了，而且得到业务部门比较高的评价。可见，聚焦确实是一个提升自己价值的好方法。

6 Enjoy 繁杂之事，保持好奇心

哲涛在 HRBP 管理部长这个岗位上，看着在各个 HRBP 管理岗位上的同事，有的同事由 HR COE 或业务部门加入了 HRBP 队伍，也有的同事由于不适应而退出了 HRBP 的队伍，回到 COE 的队伍。

慢慢的哲涛总结出一个规律，就是做 HRBP 的人一定要适应繁杂之事，甚至是 Enjoy 繁杂之事。因为 HRBP 的人际接触面、接触量很大，从内部来说，各业务部门主管、HR 行业线各 COE 模块、广大员工都会找 HRBP，事情大到部门的 HR 战略、小到一个人的调动或请假，大大小小的事情应接不暇。有的 HRBP 甚至开玩笑地形容自己日常处理的是“乱七八糟”的事情，每天都忙得“七手八脚”“手忙脚乱”，这一点都不过分。

所以，作为 HRBP 一定要有耐心、不怕乱的精神才能坚持下去，烦中求生、乱中取胜是 HRBP 要练就的本事。从个性看，喜欢变动与挑战，学习力、人际力、应变力与坚忍性强，是 HRBP 这个岗位需要的核心特质。如果一个 HR 个性是偏好安静、有条理、稳定的工作节奏，那么就不太适合 HRBP，也许他能短时间做工作，但中长期来看仍是不适合的。

当然，HRBP 工作虽然忙、乱，但不能真的因为忙乱而放

弃了思考。这个岗位要求 HRBP 能够在忙碌中思考，在埋头赶路时不忘抬头看方向。这真是一个考验人的角色。

哲涛还发现，做得好的 HRBP 都有好奇心，什么事情都想去看看、了解一下情况，评论一下这个地方好、那个地方不好，对周边有参与甚至干预的意识，明察秋毫，会“来事儿”，就是有一种“大管家”的气质。

哲涛有一次发现韵诗看到公司新装修的办公室就走进去探个究竟，自己陪她一起进去了。韵诗一直在琢磨每个部门的位置如何布置、这样的布置有什么用意和影响，哪些地方布置得比较好、哪些地方布置得不够好，应该如何改进等，真是操碎了心。所以，HRBP 不仅要有好奇心，还要会“操心”。

对时间有耐心，相信积累的力量

哲涛很喜欢“罗辑思维”罗胖老师的“做时间的朋友”这句话。做时间的朋友，意味着对时间有耐心，不相信美好的改变会在一天内发生，而相信持续积累的力量，只要认准正确的方向，每天一小步，一步接一步，积跬步而至千里，迟早会迎来美好的改变。

从事 HRBP 工作也一样，先花时间和精力锁定为业务创造价值的工作方向或目标，确定它实现的可行性之后运用心智的力量。在这个方向上投入更多的时间，再投入比“更多”再多一点的时间，把时间当作朋友，一路前行，当时间的陪伴足够多的时候，所有的回报都是必然的。

长远来说，HRBP 可以设最高目标，挑战不可想象的目标，但在短期要设最小目标、小得不可思议的目标、自己轻易就可以达到的目标，这样才会降低完成目标的心理门槛，从而让自己有动力与成就感继续投入。积累是解决 HRBP 成长问题的良药，从接受现实开始，用沉着冷静的心态，一点一点地耐心推进，不骄不躁、不紧不慢、不慌不急，用最稳的方式达成最快的成长，时间就是 HRBP 的朋友。

宫崎骏的《千与千寻》里有一句话："不管前方的路有多苦，只要走的方向正确，不管多么崎岖不平，都比站在原地更接近幸福。"

通过自己的努力，让自己的梦想一点一点地实现，这样的生活才是美妙无比的。不要急于一步登天，幻想着所有梦想都一夜实现，这只会让你充满挫败感。不要忽略奋斗路程上点点滴滴的快乐感受，有朋友言欢、有趣事相伴、有爱人可恋，即使明天终结，心也无憾。生活或许就是这个样子，即使卑微，也自有其灿烂。

推荐作者得新书！

博瑞森征稿启事

亲爱的读者朋友：

感谢您选择了博瑞森图书！希望您手中的这本书能给您带来实实在在的帮助！

博瑞森一直致力于发掘好作者、好内容，希望能把您最需要的思想、方法，一字一句地交到您手中，成为专业知识与管理实践的纽带和桥梁。

但是我们也知道，有很多深入企业一线、经验丰富、乐于分享的优秀专家，或者往来奔波没时间，或者缺少专业的写作指导和便捷的出版途径，只能茫然以待……

还有很多在竞争大潮中坚守的企业，有着异常宝贵的实践经验和独特的闪光点，但缺少专业的记录和整理者，无法让企业的经验和故事被更多的人了解、学习、参考……

这些都太遗憾了！

博瑞森非常希望能将这些埋藏的"宝藏"发掘出来，贡献给广大读者，让更多的人得到帮助。

所以，我们真心地邀请您，我们的老读者，帮助我们一起搜寻：

推荐作者。

可以是您自己或您的朋友，只要对本土管理有实践、有思考；可以是您通过网络、杂志、书籍或其他途径了解的某位专家，不管名气大小，只要他的思想和方法曾让您深受启发。

推荐企业。

可以是您自己所在的企业，或者是您熟悉的某家企业，其创业过程、运营经历、产品研发、机制创新，等等。无论企业大小，只要乐于分享、有值得借鉴书写之处。

总之，好内容就是一切！

博瑞森绝非"自费出书"，出版项目费用完全由我们承担。您推荐的作者或企业案例一经采用，我们会立刻向您赠送书币 100 元，可直接换取任何博瑞森图书的纸质版或电子版。

感谢您对本土管理的支持！感谢您对博瑞森图书的帮助！

推荐邮箱：bookgood@126.com　　推荐手机：13611149991

1120 本土管理实践与创新论坛

这是由 100 多位本土管理专家联合创立的企业管理实践学术交流组织，旨在孵化本土管理思想、促进企业管理实践、加强专家间交流与协作。

论坛每年集中力量办好两件大事：第一，**"出一本书"**，汇聚一年的思考和实践，把最原创、最前沿、最实战的内容集结成册，贡献给读者；第二，**"办一次会"**，每年 11 月 20 日本土管理专家们汇聚一堂，碰撞思想、研讨案例、交流切磋、回馈社会。

企业案例·老板传记

	书名.作者	内容/特色	读者价值
企业案例·老板传记	**你不知道的加多宝:原市场部高管讲述** 曲宗恺　牛玮娜　著	前加多宝高管解读加多宝	全景式解读,原汁原味
	收购后怎样有效整合:一个重工业收购整合实录 李少星　著	讲述企业并购后的事	语言轻松活泼,对并购后的企业有借鉴作用
	娃哈哈区域标杆:豫北市场营销实录 罗宏文　赵晓萌　等著	本书从区域的角度来写娃哈哈河南分公司豫北市场是怎么进行区域市场营销,成为娃哈哈全国第一大市场、全国增量第一高市场的一些操作方法	参考性、指导性,一线真实资料
	像六个核桃一样:打造畅销品的36个简明法则 王　超　范　萍　著	本书分上下两篇:包括“六个核桃”的营销战略历程和36条畅销法则	知名企业的战略历程极具参考价值,36条法则提供操作方法
	六个核桃凭什么:从0过100亿 张学军　著	首部全面揭秘养元六个核桃裂变式成长的巨著	学习优秀企业的成长路径,了解其背后的理论体系
	借力咨询:德邦成长背后的秘密 官同良　王祥伍　著	讲述德邦是如何借助咨询公司的力量进行自身与发展的	来自德邦内部的第一线资料,真实、珍贵,令人受益匪浅
	解决方案营销实战案例 刘祖轲　著	用10个真案例讲明白什么是工业品的解决方案式营销,实战、实用	有干货、真正操作过的才能写得出来
	招招见销量的营销常识 刘文新　著	如何让每一个营销动作都直指销量	适合中小企业,看了就能用
	我们的营销真案例 联纵智达研究院　著	五芳斋粽子从区域到全国/诸贝尔瓷砖门店销量提升/利豪家具出口转内销/汤臣倍健的营销模式	选择的案例都很有代表性,实在、实操!
	中国营销战实录:令人拍案叫绝的营销真案例 联纵智达　著	51个案例,42家企业,38万字,18年,累计2000余人次参与……	最真实的营销案例,全是一线记录,开阔眼界
	双剑破局:沈坤营销策划案例集 沈　坤　著	双剑公司多年来的精选案例解析集,阐述了项目策划中每一个营销策略的诞生过程,策划角度和方法	一线真实案例,与众不同的策划角度令人拍案叫绝、受益匪浅
	宗:一位制造业企业家的思考 杨　涛　著	1993年创业,引领企业平稳发展20多年,分享独到的心得体会	难得的一本老板分享经验的书
	简单思考:AMT咨询创始人自述 孔祥云　著	著名咨询公司(AMT)的CEO创业历程中点点滴滴的经验与思考	每一位咨询人,每一位创业者和管理经营者,都值得一读
	边干边学做老板 黄中强　著	创业20多年的老板,有经验、能写、又愿意分享,这样的书很少	处处共鸣,帮助中小企业老板少走弯路
	三四线城市超市如何快速成长:解密甘雨亭 IBMG国际商业管理集团　著	国内外标杆企业的经验+本土实践量化数据+操作步骤、方法	通俗易懂,行业经验丰富,宝贵的行业量化数据,关键思路和步骤
	中国首家未来超市:解密安徽乐城 IBMG国际商业管理集团　著	本书深入挖掘了安徽乐城超市的试验案例,为零售企业未来的发展提供了一条可借鉴之路	通俗易懂,行业经验丰富,宝贵的行业量化数据,关键思路和步骤

续表

互联网 +			
	书名．作者	内容/特色	读者价值
互联网+	**互联网时代的银行转型** 韩友诚　著	以大量案例形式为读者全面展示和分析了银行的互联网金融转型应对之道	结合本土银行转型发展案例的书籍
	正在发生的转型升级·实践 本土管理实践与创新论坛　著	企业在快速变革期所展现出的管理变革新成果、新方法、新案例	重点突出对于未来企业管理相关领域的趋势研判
	触发需求：互联网新营销样本·水产 何足奇　著	传统产业都在苦闷中挣扎前行，本书通过鲜活的案例告诉你如何以需求链整合供应链，从而把大家熟知的传统行业打碎了重构、重做一遍	全是干货，值得细读学习，并且作者的理论已经经过了他亲自操刀的实践检验，效果惊人，就在书中全景展示
	移动互联新玩法：未来商业的格局和趋势 史贤龙　著	传统商业、电商、移动互联，三个世界并存，这种新格局的玩法一定要懂	看清热点的本质，把握行业先机，一本书搞定移动互联网
	微商生意经：真实再现33个成功案例操作全程 伏泓霖　罗晓慧　著	本书为33个真实案例，分享案例主人公在做微商过程中的经验教训	案例真实，有借鉴意义
	阿里巴巴实战运营——14招玩转诚信通 聂志新　著	本书主要介绍阿里巴巴诚信通的十四个基本推广操作，从而帮助使用诚信通的用户及企业更好地提升业绩	基本操作，很多可以边学边用，简单易学
	今后这样做品牌：移动互联时代的品牌营销策略 蒋　军　著	与移动互联紧密结合，告诉你老方法还能不能用，新方法怎么用	今后这样做品牌就对了
	互联网+"变"与"不变"：本土管理实践与创新论坛集萃．2016 本土管理实践与创新论坛　著	本土管理领域正在产生自己独特的理论和模式，尤其在移动互联时代，有很多新课题需要本土专家们一起研究	帮助读者拓宽眼界、突破思维
	创造增量市场：传统企业互联网转型之道 刘红明　著	传统企业需要用互联网思维去创造增量，而不是用电子商务去转移传统业务的存量	教你怎么在"互联网+"的海洋中创造实实在在的增量
	重生战略：移动互联网和大数据时代的转型法则 沈　拓　著	在移动互联网和大数据时代，传统企业转型如同生命体打算与再造，称之为"重生战略"	帮助企业认清移动互联网环境下的变化和应对之道
	画出公司的互联网进化路线图：用互联网思维重塑产品、客户和价值 李　蓓　著	18个问题帮助企业一步步梳理出互联网转型思路	思路清晰、案例丰富，非常有启发性
	7个转变，让公司3年胜出 李　蓓　著	消费者主权时代，企业该怎么办	这就是互联网思维，老板有能这样想，肯定倒不了
	跳出同质思维，从跟随到领先 郭　剑　著	66个精彩案例剖析，帮助老板突破行业长期思维惯性	做企业竟然有这么多玩法，开眼界

续表

行业类:零售、白酒、食品/快消品、农业、医药、建材家居等

	书名.作者	内容/特色	读者价值
零售·超市·餐饮·服装·汽车	**1. 总部有多强大,门店就能走多远** **2. 超市卖场定价策略与品类管理** **3. 连锁零售企业招聘与培训破解之道** **4. 中国首家未来超市:解密安徽乐城** **5. 三四线城市超市如何快速成长:解密甘雨亭** IBMG国际商业管理集团 著	国内外标杆企业的经验+本土实践量化数据+操作步骤、方法	通俗易懂,行业经验丰富,宝贵的行业量化数据,关键思路和步骤
	涨价也能卖到翻 村松达夫 【日】	提升客单价的15种实用、有效的方法	日本企业在这方面非常值得学习和借鉴
	移动互联下的超市升级 联商网专栏频道 著	深度解析超市转型升级重点	帮助零售企业把握全局、看清方向
	手把手教你做专业督导:专卖店、连锁店 熊亚柱 著	从督导的职能、作用,在工作中需要的专业技能、方法,都提供了详细的解读和训练办法,同时附有大量的表单工具	无论是店铺需要统一培训,还是个人想成为优秀的督导,有这一本就够了
	百货零售全渠道营销策略 陈继展 著	没有照本宣科、说教式的絮叨,只有笔者对行业的认知与理解,庖丁解牛式的逐项解析、展开	通俗易懂,花极少的时间快速掌握该领域的知识及趋势
	零售:把客流变成购买力 丁 昀 著	如何通过不断升级产品和体验式服务来经营客流	如何进行体验营销,国外的好经营,这方面有启发
	餐饮企业经营策略第一书 吴 坚 著	分别从产品、顾客、市场、盈利模式等几个方面,对现阶段餐饮企业的发展提出策略和思路	第一本专业的、高端的餐饮企业经营指导书
	赚不赚钱靠店长:从懂管理到会经营 孙彩军 著	通过生动的案例来进行剖析,注重门店管理细节方面的能力提升	帮助终端门店店长在管理门店的过程中实现经营思路的拓展与突破
	汽车配件这样卖:汽车后市场销售秘诀100条 俞士耀 著	汽配销售业务员必读,手把手教授最实用的方法,轻松得来好业绩	快速上岗,专业实效,业绩无忧
耐消品	**跟行业老手学经销商开发与管理:家电、耐消品、建材家居** 黄润霖 著	全部来源于经销商管理的一线问题,作者用丰富的经验将每一个问题落实到最便捷快速的操作方法上去	书中每一个问题都是普通营销人亲口提出的,这些问题你也会遇到,作者进行的解答则精彩实用
白酒	**白酒到底如何卖** 赵海永 著	以市场实战为主,多层次、全方位、多角度地阐释了白酒一线市场操作的最新模式和方法,接地气	实操性强,37个方法、6大案例帮你成功卖酒
	变局下的白酒企业重构 杨永华 著	帮助白酒企业从产业视角看清趋势,找准位置,实现弯道超车的书	行业内企业要减少90%,自己在什么位置,怎么做,都清楚了
	1. 白酒营销的第一本书(升级版) **2. 白酒经销商的第一本书** 唐江华 著	华泽集团湖南开口笑公司品牌部长,擅长酒类新品推广、新市场拓展	扎根一线,实战
	区域型白酒企业营销必胜法则 朱志明 著	为区域型白酒企业提供35条必胜法则,在竞争中赢销的葵花宝典	丰富的一线经验和深厚积累,实操实用

续表

白酒	**10步成功运作白酒区域市场** 朱志明　著	白酒区域操盘者必备，掌握区域市场运作的战略、战术、兵法	在区域市场的攻伐防守中运筹帷幄，立于不败之地
	酒业转型大时代：微酒精选2014－2015 微酒　主编	本书分为五个部分：当年大事件、那些酒业营销工具、微酒独立策划、业内大调查和十大经典案例	了解行业新动态、新观点，学习营销方法
快消品·食品	**中国快消标杆品牌观察：和内行一起看透营销套路** 陈海超　著	多年营销经验的一线老手把案例掰开了、揉碎了，从中得出的各种手段和方法给读者以帮助和启发	营销那些事儿的个中秘辛，求人还不一定告诉你，这本书里就有
	乳业营销第一书 侯军伟　著	对区域乳品企业生存发展关键性问题的梳理	唯一的区域乳业营销书，区域乳品企业一定要看
	食用油营销第一书 余　盛　著	10多年油脂企业工作经验，从行业到具体实操	食用油行业第一书，当之无愧
	中国茶叶营销第一书 柏　龑　著	如何跳出茶行业"大文化小产业"的困境，作者给出了自己的观察和思考	不是传统做茶的思路，而是现在商业做茶的思路
	调味品营销第一书 陈小龙　著	国内唯一一本调味品营销的书	唯一的调味品营销的书，调味品的从业者一定要看
	快消品营销人的第一本书：从入门到精通 刘　雷　伯建新　著	快消行业必读书，从入门到专业	深入细致，易学易懂
	变局下的快消品营销实战策略 杨永华　著	通胀了，成本增加，如何从被动应战变成主动的"系统战"	作者对快消品行业非常熟悉、非常实战
	快消品经销商如何快速做大 杨永华　著	本书完全从实战的角度，评述现象，解析误区，揭示原理，传授方法	为转型期的经销商提供了解决思路，指出了发展方向
	一位销售经理的工作心得 蒋　军　著	一线营销管理人员想提升业绩却无从下手时，可以看看这本书	一线的真实感悟
	快消品营销：一位销售经理的工作心得2 蒋　军　著	快消品、食品饮料营销的经验之谈，重点图书	来源与实战的精华总结
	快消品营销与渠道管理 谭长春　著	将快消品标杆企业渠道管理的经验和方法分享出来	可口可乐、华润的一些具体的渠道管理经验，实战
	成为优秀的快消品区域经理（升级版） 伯建新　著	用"怎么办"分析区域经理的工作关键点，增加30%全新内容，更贴近环境变化	可以作为区域经理的"速成催化器"
	销售轨迹：一位快消品营销总监的拼搏之路 秦国伟　著	本书讲述了一个普通销售员打拼成为跨国企业营销总监的真实奋斗历程	激励人心，给广大销售员以力量和鼓舞
	快消老手都在这样做：区域经理操盘锦囊 方刚　著	非常接地气，全是多年沉淀下来的干货，丰富的一线经验和实操方法不可多得	在市场摸爬滚打的"老油条"，那些独家绝招妙招一般你问都是问不来的
	动销四维：全程辅导与新品上市 高继中　著	从产品、渠道、促销和新品上市详细讲解提高动销的具体方法，总结作者18年的快消品行业经验，方法实操	内容全面系统，方法实操
农业	**新农资如何换道超车** 刘祖轲　等著	从农业产业化、互联网转型、行业营销与经营突破四个方面阐述如何让农资企业占领先机、提前布局	南方略专家告诉你如何应对资源浪费、生产效率低下、产能严重过剩、价格与价值严重扭曲等

续表

农业	**中国牧场管理实战：畜牧业、乳业必读** 黄剑黎　著	本书不仅提供了来自一线的实际经验，还收入了丰富的工具文档与表单	填补空白的行业必读作品
	中小农业企业品牌战法 韩　旭　著	将中小农业企业品牌建设的方法，从理论讲到实践，具有指导性	全面把握品牌规划，传播推广，落地执行的具体措施
	农资营销实战全指导 张　博　著	农资如何向“深度营销”转型，从理论到实践进行系统剖析，经验资深	朴实、使用！不可多得的农资营销实战指导
	农产品营销第一书 胡浪球　著	从农业企业战略到市场开拓、营销、品牌、模式等	来源于实践中的思考，有启发
	变局下的农牧企业9大成长策略 彭志雄　著	食品安全、纵向延伸、横向联合、品牌建设……	唯一的农牧企业经营实操的书，农牧企业一定要看
医药	**医药新营销：制药企业、医药商业企业营销模式转型** 史立臣　著	医药生产企业和商业企业在新环境下如何做营销？老方法还有没有用？如何寻找新方法？新方法怎么用？本书给你答案	内容非常现实接地气，踏实谈问题说方法
	新医改下的医药营销与团队管理 史立臣　著	探讨新医改对医药行业的系列影响和医药团队管理	帮助理清思路，有一个框架
	医药营销与处方药学术推广 马宝琳　著	如何用医学策划把“平民产品”变成“明星产品”	有真货、讲真话的作者，堪称处方药营销的经典！
	新医改了，药店就要这样开 尚　锋　著	药店经营、管理、营销全攻略	有很强的实战性和可操作性
	电商来了，实体药店如何突围 尚　锋　著	电商崛起，药店该如何突围？本书从促销、会员服务、专业性、客单价等多重角度给出了指导方向	实战攻略，拿来就能用
	在中国，医药营销这样做：时代方略精选文集 段继东　主编	专注于医药营销咨询15年，将医药营销方法的精华文章合编，深入全面	可谓医药营销领域的顶尖著作，医药界读者的必读书
	OTC医药代表药店销售36计 鄢圣安　著	以《三十六计》为线，写OTC医药代表向药店销售的一些技巧与策略	案例丰富，生动真实，实操性强
	OTC医药代表药店开发与维护 鄢圣安　著	要做到一名专业的医药代表，需要做什么、准备什么、知识储备、操作技巧等	医药代表药店拜访的指导手册，手把手教你快速上手
	引爆药店成交率1：店员导购实战 范月明　著	一本书解决药店导购所有难题	情景化、真实化、实战化
	引爆药店成交率2：经营落地实战 范月明　著	最接地气的经营方法全指导	揭示了药店经营的几类关键问题
	医药企业转型升级战略 史立臣　著	药企转型升级有5大途径，并给出落地步骤及风险控制方法	实操性强，有作者个人经验总结及分析
建材家居	**建材家居行业老手的营销革命：除了促销还能做什么？** 孙嘉晖　著	一线老手的深度思考，告诉你在建材家居营销模式基本停滞的今天，除了促销，营销还能怎么做	给你的想法一场革命

续表

建材家居	**建材家居营销实务** 程绍珊　杨鸿贵　主编	价值营销运用到建材家居，每一步都让客户增值	有自己的系统、实战
	建材家居门店销量提升 贾同领　著	店面选址、广告投放、推广助销、空间布局、生动展示、店面运营等	门店销量提升是一个系统工程，非常系统、实战
	10 步成为最棒的建材家居门店店长 徐伟泽　著	实际方法易学易用，让员工能够迅速成长，成为独当一面的好店长	只要坚持这样干，一定能成为好店长
	手把手帮建材家居导购业绩倍增：成为顶尖的门店店员 熊亚柱　著	生动的表现形式，让普通人也能成为优秀的导购员，让门店业绩长红	读着有趣，用着简单，一本在手、业绩无忧
	建材家居经销商实战 42 章经 王庆云　著	告诉经销商：老板怎么当、团队怎么带、生意怎么做	忠言逆耳，看着不舒服就对了，实战总结，用一招半式就值了
工业品	**销售是门专业活：B2B、工业品** 陆和平　著	销售流程就应该跟着客户的采购流程和关注点的变化向前推进，将一个完整的销售过程分成十个阶段，提供具体方法	销售不是请客吃饭拉关系，是个专业的活计！方法在手，走遍天下不愁
	解决方案营销实战案例 刘祖轲　著	用 10 个真案例讲明白什么是工业品的解决方案式营销，实战、实用	有干货、真正操作过的才能写得出来
	变局下的工业品企业 7 大机遇 叶敦明　著	产业链条的整合机会、盈利模式的复制机会、营销红利的机会、工业服务商转型机会……	工业品企业还可以这样做，思维大突破
	工业品市场部实战全指导 杜　忠　著	工业品市场部经理工作内容全指导	系统、全面、有理论、有方法，帮助工业品市场部经理更快提升专业能力
	工业品营销管理实务 李洪道　著	中国特色工业品营销体系的全面深化、工业品营销管理体系优化升级	工具更实战，案例更鲜活，内容更深化
	工业品企业如何做品牌 张东利　著	为工业品企业提供最全面的品牌建设思路	有策略、有方法、有思路、有工具
	丁兴良讲工业 4.0 丁兴良　著	没有枯燥的理论和说教，用朴实直白的语言告诉你工业 4.0 的全貌	工业 4.0 是什么？本书告诉你答案
	资深大客户经理：策略准，执行狠 叶敦明　著	从业务开发、发起攻势、关系培育、职业成长四个方面，详述了大客户营销的精髓	满满的全是干货
	一切为了订单：订单驱动下的工业品营销实战 唐道明　著	其实，所有的企业都在围绕着两个字在开展全部的经营和管理工作，那就是“订单”	开发订单、满足订单、扩大订单。本书全是实操方法，字字珠玑、句句干货，教你获得营销的胜利
金融	**交易心理分析** (美)马克·道格拉斯　著 刘真如　译	作者一语道破赢家的思考方式，并提供了具体的训练方法	不愧是投资心理的第一书，绝对经典
	精品银行管理之道 崔海鹏　何　屹　主编	中小银行转型的实战经验总结	中小银行的教材很多，实战类的书很少，可以看看
	支付战争 Eric M. Jackson　著 徐　彬　王　晓　译	PayPal 创业期营销官，亲身讲述 PayPal 从诞生到壮大到成功出售的整个历史	激烈、有趣的内幕商战故事！了解美国支付市场的风云巨变

续表

房地产	**产业园区/产业地产规划、招商、运营实战** 阎立忠　著	目前中国第一本系统解读产业园区和产业地产建设运营的实战宝典	从认知、策划、招商到运营全面了解地产策划
	人文商业地产策划 戴欣明　著	城市与商业地产战略定位的关键是不可复制性，要发现独一无二的“味道”	突破千城一面的策划困局
	电影院的下一个黄金十年：开发·差异化·案例 李保煜　著	对目前电影院市场存大的问题及如何解决进行了探讨与解读	多角度了解电影院运营方式及代表性案例

经营类：企业如何赚钱，如何抓机会，如何突破，如何“开源”

	书名．作者	内容/特色	读者价值
抓方向	**让经营回归简单．升级版** 宋新宇　著	化繁为简抓住经营本质：战略、客户、产品、员工、成长	经典，做企业就这几个关键点！
	活系统：跟任正非学当老板 孙行健　尹　贤　著	以任正非的独到视角，教企业老板如何经营公司	看透公司经营本质，激活企业活力
	公司由小到大要过哪些坎 卢　强　著	老板手里的一张“企业成长路线图”	现在我在哪儿，未来还要走哪些路，都清楚了
	企业二次创业成功路线图 夏惊鸣　著	企业曾经抓住机会成功了，但下一步该怎么办？	企业怎样获得第二次成功，心里有个大框架了
	老板经理人双赢之道 陈　明　著	经理人怎养选平台、怎么开局，老板怎样选/育/用/留	老板生闷气，经理人牢骚大，这次知道该怎么办了
	简单思考：AMT 咨询创始人自述 孔祥云　著	著名咨询公司（AMT）的 CEO 创业历程中点点滴滴的经验与思考	每一位咨询人，每一位创业者和管理经营者，都值得一读
	企业文化的逻辑 王祥伍　黄健江　著	为什么企业绩效如此不同，解开绩效背后的文化密码	少有的深刻，有品质，读起来很流畅
	使命驱动企业成长 高可为　著	钱能让一个人今天努力，使命能让一群人长期努力	对于想做事业的人，‘使命’是绕不过去的
思维突破	**移动互联新玩法：未来商业的格局和趋势** 史贤龙　著	传统商业、电商、移动互联，三个世界并存，这种新格局的玩法一定要懂	看清热点的本质，把握行业先机，一本书搞定移动互联网
	画出公司的互联网进化路线图：用互联网思维重塑产品、客户和价值 李　蓓　著	18 个问题帮助企业一步步梳理出互联网转型思路	思路清晰、案例丰富，非常有启发性
	重生战略：移动互联网和大数据时代的转型法则 沈　拓　著	在移动互联网和大数据时代，传统企业转型如同生命体打算与再造，称之为“重生战略”	帮助企业认清移动互联网环境下的变化和应对之道
	创造增量市场：传统企业互联网转型之道 刘红明　著	传统企业需要用互联网思维去创造增量，而不是用电子商务去转移传统业务的存量	教你怎么在“互联网＋”的海洋中创造实实在在的增量
	7 个转变，让公司 3 年胜出 李　蓓　著	消费者主权时代，企业该怎么办	这就是互联网思维，老板有能这样想，肯定倒不了
	跳出同质思维，从跟随到领先 郭　剑　著	66 个精彩案例剖析，帮助老板突破行业长期思维惯性	做企业竟然有这么多玩法，开眼界
	麻烦就是需求　难题就是商机 卢根鑫　著	如何借助客户的眼睛发现商机	什么是真商机，怎么判断、怎么抓，有借鉴

续表

思维突破	**互联网+“变”与“不变”：本土管理实践与创新论坛集萃·2016** 本土管理实践与创新论坛 著	加速本土管理思想的孕育诞生，促进本土管理创新成果更好地服务企业、贡献社会	各个作者本年度最新思想，帮助读者拓宽眼界、突破思维
财务	**写给企业家的公司与家庭财务规划——从创业成功到富足退休** 周荣辉 著	本书以企业的发展周期为主线，写各阶段企业与企业主家庭的财务规划	为读者处理人生各阶段企业与家庭的财务问题提供建议及方法，让家庭成员真正享受财富带来的益处
	互联网时代的成本观 程 翔 著	本书结合互联网时代提出了成本的多维观，揭示了多维组合成本的互联网精神和大数据特征，论述了其产生背景、实现思路和应用价值	在传统成本观下为盈利的业务，在新环境下也许就成为亏损业务。帮助管理者从新的角度来看待成本，进一步做好精益管理

管理类：效率如何提升，如何实现经营目标，如何“节流”

	书名．作者	内容/特色	读者价值
通用管理	**1. 让管理回归简单．升级版** **2. 让经营回归简单．升级版** **3. 让用人回归简单** 宋新宇 著	宋博士的“简单”三部曲，影响20万读者，非常经典	被读者热情地称作“中小企业的管理圣经”
	管理：以规则驾驭人性 王春强 著	详细解读企业规则的制定方法	从人与人博弈角度提升管理的有效性
	员工心理学超级漫画版 邢 雷 著	以漫画的形式深度剖析员工心理	帮助管理者更了解员工，从而更轻松地管理员工
	分股合心：股权激励这样做 段 磊 周 剑 著	通过丰富的案例，详细介绍了股权激励的知识和实行方法	内容丰富全面、易读易懂，了解股权激励，有这一本就够了
	边干边学做老板 黄中强 著	创业20多年的老板，有经验、能写、又愿意分享，这样的书很少	处处共鸣，帮助中小企业老板少走弯路
	中国式阿米巴落地实践之从交付到交易 胡八一 著	本书主要讲述阿米巴经营会计，“从交付到交易”，这是成功实施了阿米巴的标志	阿米巴经营会计的工作是有逻辑关联的，一本书就能搞定
	集团化企业阿米巴实战案例 初勇钢 著	一家集团化企业阿米巴实施案例	指导集团化企业系统实施阿米巴
	阿米巴经营的中国模式 李志华 著	让员工从“要我干”到“我要干”，价值量化出来	阿米巴在企业如何落地，明白思路了
	中国式阿米巴落地实践之激活组织 胡八一 著	重点讲解如何科学划分阿米巴单元，阐述划分的实操要领、思路、方法、技术与工具	最大限度减少“推行风险”和“摸索成本”，利于公司成功搭建适合自身的个性化阿米巴经营体系
	欧博心法：好管理靠修行 曾 伟 著	用佛家的智慧，深刻剖析管理问题，见解独到	如果真的有‘中国式管理’，曾老师是其中标志性人物
流程管理	**1. 用流程解放管理者** **2. 用流程解放管理者2** 张国祥 著	中小企业阅读的流程管理、企业规范化的书	通俗易懂，理论和实践的结合恰到好处
	跟我们学建流程体系 陈立云 著	畅销书《跟我们学做流程管理》系列，更实操，更细致，更深入	更多地分享实践，分享感悟，从实践总结出来的方法论

续表

质量管理	IATF16949 质量管理体系详解与案例文件汇编：TS16949 转版 IATF16949:2016 谭洪华 著	针对 IATF 的新标准做了详细的解说，同时指出了一些推行中容易犯的错误，提供了大量的表单、案例	案例、表单丰富，拿来就用
	五大质量工具详解及运用案例：APQP/FMEA/PPAP/MSA/SPC 谭洪华 著	对制造业必备的五大质量工具中每个文件的制作要求、注意事项、制作流程、成功案例等进行了解读	通俗易懂、简便易行，能真正实现学以致用
	1. ISO9001:2015 新版质量管理体系详解与案例文件汇编 2. ISO14001:2015 新版环境管理体系详解与案例文件汇编 谭洪华 著	紧密围绕 2015 新版，逐条详细解读，工具也可以直接套用，易学易上手	企业认证、内审必备
战略落地	重生——中国企业的战略转型 施 炜 著	从前瞻和适用的角度，对中国企业战略转型的方向、路径及策略性举措提出了一些概要性的建议和意见	对企业有战略指导意义
	公司大了怎么管：从靠英雄到靠组织 AMT 金国华 著	第一次详尽阐释中国快速成长型企业的特点、问题及解决之道	帮助快速成长型企业领导及管理团队理清思路，突破瓶颈
	低效会议怎么改：每年节省一半会议成本的秘密 AMT 王玉荣 著	教你如何系统规划公司的各级会议，一本工具书	教会你科学管理会议的办法
	年初订计划，年尾有结果：战略落地七步成诗 AMT 郭晓 著	7 个步骤教会你怎么让公司制定的战略转变为行动	系统规划，有效指导计划实现
人力资源	HRBP 是这样炼成的之“菜鸟起飞” 新 海 著	以小说的形式，具体解析 HRBP 的职责，应该如何操作，如何为业务服务	实践者的经验分享，内容实务具体，形式有趣
	HRBP 是这样炼成的之中级修炼 新 海 著	本书以案例故事的方式，介绍了 HRBP 在实际工作中碰到的问题和挑战	书中的 HR 解决方案讲究因时因地制宜、简单有效的原则，重在启发读者思路，可供各类企业 HRBP 借鉴
	回归本源看绩效 孙 波 著	让绩效回顾“改进工具”的本源，真正为企业所用	确实是来源于实践的思考，有共鸣
	世界 500 强资深培训经理人教你做培训管理 陈 锐 著	从 7 大角度具体细致地讲解了培训管理的核心内容	专业、实用、接地气
	曹子祥教你做激励性薪酬设计 曹子祥 著	以激励性为指导，系统性地介绍了薪酬体系及关键岗位的薪酬设计模式	深入浅出，一本书学会薪酬设计
	曹子祥教你做绩效管理 曹子祥 著	复杂的理论通俗化，专业的知识简单化，企业绩效管理共性问题的解决方案	轻松掌握绩效管理
	把招聘做到极致 远 鸣 著	作为世界 500 强高级招聘经理，作者数十年招聘经验的总结分享	带来职场思考境界的提升和具体招聘方法的学习
	人才评价中心．超级漫画版 邢 雷 著	专业的主题，漫画的形式，只此一本	没想到一本专业的书，能写成这效果
	走出薪酬管理误区 全怀周 著	剖析薪酬管理的 8 大误区，真正发挥好枢纽作用	值得企业深读的实用教案
	集团化人力资源管理实践 李小勇 著	对搭建集团化的企业很有帮助，务实，实用	最大的亮点不是理论，而是结合实际的深入剖析

续表

人力资源	**我的人力资源咨询笔记** 张　伟　著	管理咨询师的视角，思考企业的 HR 管理	通过咨询师的眼睛对比很多企业，有启发
	本土化人力资源管理 8 大思维 周　剑　著	成熟 HR 理论，在本土中小企业实践中的探索和思考	对企业的现实困境有真切体会，有启发
企业文化	**拿来就用的企业文化工具箱** 海融心胜　主编	数十个工具，为了方便拿来就用，每一个工具都严格按照工具属性、操作方法、案例解读划分，实用、好用	企业文化工作者的案头必备书，方法都在里面，简单易操作
	华夏基石方法：企业文化落地本土实践 王祥伍　谭俊峰　著	十年积累、原创方法、一线资料，和盘托出	在文化落地方面真正有洞察，有实操价值的书
	企业文化的逻辑 王祥伍　著	为什么企业之间如此不同，解开绩效背后的文化密码	少有的深刻，有品质，读起来很流畅
	企业文化激活沟通 宋杼宸　安　琪　著	透过新任 HR 总经理的眼睛，揭示出沟通与企业文化的关系	有实际指导作用的文化落地读本
	在组织中绽放自我：从专业化到职业化 朱仁健　王祥伍　著	个人如何融入组织，组织如何助力个人成长	帮助企业员工快速认同并投入到组织中去，为企业发展贡献力量
	企业文化定位·落地一本通 王明胤　著	把高深枯燥的专业理论创建成一套系统化、实操化、简单化的企业文化缔造方法	对企业文化不了解，不会做？有这一本从概念到实操，就够了
生产管理	**精益思维：中国精益如何落地** 刘承元　著	笔者二十余年企业经营和咨询管理的经验总结	中国企业需要灵活运用精益思维，推动经营要素与管理机制的有机结合，推动企业管理向前发展
	300 张现场图看懂精益 5S 管理 乐　涛　编著	5S 现场实操详解	案例图解，易懂易学
	高员工流失率下的精益生产 余伟辉　著	中国的精益生产必须面对和解决高员工流失率问题	确实来源于本土的工厂车间，很务实
	车间人员管理那些事儿 岑立聪　著	车间人员管理中处理各种“疑难杂症”的经验和方法	基层车间管理者最闹心、头疼的事，‘打包’解决
	1. 欧博心法：好管理靠修行 **2. 欧博心法：好工厂这样管** 曾　伟　著	他是本土最大的制造业管理咨询机构创始人，他从 400 多个项目、上万家企业实践中锤炼出的欧博心法	中小制造型企业，一定会有很强的共鸣
	欧博工厂案例 1：生产计划管控对话录 **欧博工厂案例 2：品质技术改善对话录** **欧博工厂案例 3：员工执行力提升对话录** 曾　伟　著	最典型的问题、最详尽的解析，工厂管理 9 大问题 27 个经典案例	没想到说得这么细，超出想象，案例很典型，照搬都可以了
	苦中得乐：管理者的第一堂必修课 曾　伟　编著	曾伟与师傅大愿法师的对话，佛学与管理实践的碰撞，管理禅的修行之道	用佛学最高智慧看透管理
	比日本工厂更高效 1：管理提升无极限 刘承元　著	指出制造型企业管理的六大积弊；颠覆流行的错误认知；掌握精益管理的精髓	每一个企业都有自己不同的问题，管理没有一剑封喉的秘笈，要从现场、现物、现实出发

续表

生产管理	**比日本工厂更高效2:超强经营力** 刘承元　著	企业要获得持续盈利,就要开源和节流,即实现销售最大化,费用最小化	掌握提升工厂效率的全新方法
	比日本工厂更高效3:精益改善力的成功实践 刘承元　著	工厂全面改善系统有其独特的目的取向特征,着眼于企业经营体质(持续竞争力)的建设与提升	用持续改善力来飞速提升工厂的效率,高效率能够带来意想不到的高效益
	3A顾问精益实践1:IE与效率提升 党新民　苏迎斌　蓝旭日　著	系统的阐述了IE技术的来龙去脉以及操作方法	使员工与企业持续获利
	3A顾问精益实践2:JIT与精益改善 肖志军　党新民　著	只在需要的时候,按需要的量,生产所需的产品	提升工厂效率
员工素质提升	**TTT培训师精进三部曲(上):深度改善现场培训效果** **TTT培训师精进三部曲(中):构建最有价值的课程内容** **TTT培训师精进三部曲(下):职业功力沉淀与修为提升** **廖信琳　著**	**从内到外全方位指导企业内训师从专业到卓越**	成为优秀企业内训师/培训师的案头必备书籍
	手把手教你做专业督导:专卖店、连锁店 熊亚柱　著	从督导的职能、作用,在工作中需要的专业技能、方法,都提供了详细的解读和训练办法,同时附有大量的表单工具	无论是店铺需要统一培训,还是个人想成为优秀的督导,有这一本就够了
	跟老板"偷师"学创业 吴江萍　余晓雷　著	边学边干,边观察边成长,你也可以当老板	不同于其他类型的创业书,让你在工作中积累创业经验,一举成功
	销售轨迹:一位快消品营销总监的拼搏之路 秦国伟　著	本书讲述了一个普通销售员打拼成为跨国企业营销总监的真实奋斗历程	激励人心,给广大销售员以力量和鼓舞
	在组织中绽放自我:从专业化到职业化 朱仁健　王祥伍　著	个人如何融入组织,组织如何助力个人成长	帮助企业员工快速认同并投入到组织中去,为企业发展贡献力量
	企业员工弟子规:用心做小事,成就大事业 贾同领　著	从传统文化《弟子规》中学习企业中为人处事的办法,从自身做起	点滴小事,修养自身,从自身的改善得到事业的提升
	手把手教你做顶尖企业内训师:TTT培训师宝典 熊亚柱　著	从课程研发到现场把控、个人提升都有涉及,易读易懂,内容丰富全面	想要做企业内训师的员工有福了,本书教你如何抓住关键,从入门到精通

营销类:把客户需求融入企业各环节,提供"客户认为"有价值的东西

	书名．作者	内容/特色	读者价值
营销模式	**洞察人性的营销战术:沈坤教你28式** 沈　坤　著	28个匪夷所思的营销怪招令人拍案叫绝,涉及商业竞争的方方面面,大部分战术可以直接应用到企业营销中	各种谋略得益于作者的横向思维方式,将其操作过的案例结合其中,提供的战术对读者有参考价值
	动销操盘:节奏掌控与社群时代新战法 朱志明　著	在社群时代把握好产品生产销售的节奏,解析动销的症结,寻找动销的规律与方法	都是易读易懂的干货!对动销方法的全面解析和操盘

续表

营销模式	**变局下的营销模式升级** 程绍珊　叶　宁　著	客户驱动模式、技术驱动模式、资源驱动模式	很多行业的营销模式被颠覆，调整的思路有了！
	卖轮子 科克斯【美】	小说版的营销学！营销理念巧妙贯穿其中，贵在既有趣，又有深度	经典、有趣！一个故事读懂营销精髓
	弱势品牌如何做营销 李政权　著	中小企业虽有品牌但没名气，营销照样能做的有声有色	没有丰富的实操经验，写不出这么具体、详实的案例和步骤，很有启发
	老板如何管营销 史贤龙　著	高段位营销 16 招，好学好用	老板能看，营销人也能看
	动销：产品是如何畅销起来的 吴江萍　余晓雷　著	真真切切告诉你，产品究竟怎么才能卖出去	击中痛点，提供方法，你值得拥有
	资深大客户经理：策略准，执行狠 叶敦明　著	从业务开发、发起攻势、关系培育、职业成长四个方面，详述了大客户营销的精髓	满满的全是干货
	成为资深的销售经理：B2B、工业品 陆和平　著	围绕“销售管理的六个关键控制点”一一展开，提供销售管理的专业、高效方法	方法和技术接地气，拿来就用，从销售员成长为经理不再犯难
	销售是门专业活：B2B、工业品 陆和平　著	销售流程就应该跟着客户的采购流程和关注点的变化向前推进，将一个完整的销售过程分成十个阶段，提供具体方法	销售不是请客吃饭拉关系，是个专业的活计！方法在手，走遍天下不愁
	向高层销售：与决策者有效打交道 贺兵一　著	一套完整有效的销售策略	有工具，有方法，有案例，通俗易懂
	卖轮子 科克斯　【美】	小说版的营销学！营销理念巧妙贯穿其中，贵在既有趣，又有深度	经典、有趣！一个故事读懂营销精髓
	学话术　卖产品 张小虎　著	分析常见的顾客异议，将优秀的话术模块化	让普通导购员也能成为销售精英
组织和团队	**升级你的营销组织** 程绍珊　吴越舟　著	用“有机性”的营销组织替代“营销能人”，营销团队变成“铁营盘”	营销队伍最难管，程老师不愧是营销第 1 操盘手，步骤方法都很成熟
	用数字解放营销人 黄润霖　著	通过量化帮助营销人员提高工作效率	作者很用心，很好的常备工具书
	成为优秀的快消品区域经理（升级版） 伯建新　著	用“怎么办”分析区域经理的工作关键点，增加30%全新内容，更贴近环境变化	可以作为区域经理的“速成催化器”
	一位销售经理的工作心得 蒋　军　著	一线营销管理人员想提升业绩却无从下手时，可以看看这本书	一线的真实感悟
	快消品营销：一位销售经理的工作心得 2 蒋　军　著	快消品、食品饮料营销的经验之谈，重点突出	来源于实战的精华总结
	销售轨迹：一位快消品营销总监的拼搏之路 秦国伟　著	本书讲述了一个普通销售员打拼成为跨国企业营销总监的真实奋斗历程	激励人心，给广大销售员以力量和鼓舞
	用营销计划锁定胜局：用数字解放营销人 2 黄润霖　著	全方位教你怎么做好营销计划，好学好用真简单	照搬套用就行，做营销计划再也不头痛
	快消品营销人的第一本书：从入门到精通 刘　雷　伯建新　著	快消行业必读书，从入门到专业	深入细致，易学易懂

续表

产品	**产品炼金术Ⅰ:如何打造畅销产品** 史贤龙　著	满足不同阶段、不同体量、不同行业企业对产品的完整需求	必须具备的思维和方法,避免在产品问题上走弯路
	产品炼金术Ⅱ:如何用产品驱动企业成长 史贤龙　著	做好产品、关注产品的品质,就是企业成功的第一步	必须具备的思维和方法,避免在产品问题上走弯路
	新产品开发管理,就用IPD 郭富才　著	10年IPD研发管理咨询总结,国内首部IPD专业著作	一本书掌握IPD管理精髓
品牌	**中小企业如何建品牌** 梁小平　著	中小企业建品牌的入门读本,通俗、易懂	对建品牌有了一个整体框架
	采纳方法:破解本土营销8大难题 朱玉童　编著	全面、系统、案例丰富、图文并茂	希望在品牌营销方面有所突破的人,应该看看
	中国品牌营销十三战法 朱玉童　编著	采纳20年来的品牌策划方法,同时配有大量的案例	众包方式写作,丰富案例给人启发,极具价值
	今后这样做品牌:移动互联时代的品牌营销策略 蒋军　著	与移动互联紧密结合,告诉你老方法还能不能用,新方法怎么用	今后这样做品牌就对了
	中小企业如何打造区域强势品牌 吴之　著	帮助区域的中小企业打造自身品牌,如何在强壮自身的基础上往外拓展	梳理误区,系统思考品牌问题,切实符合中小区域品牌的自身特点进行阐述
渠道通路	**快消品营销与渠道管理** 谭长春　著	将快消品标杆企业渠道管理的经验和方法分享出来	可口可乐、华润的一些具体的渠道管理经验,实战
	传统行业如何用网络拿订单 张　进　著	给老板看的第一本网络营销书	适合不懂网络技术的经营决策者看
	采纳方法:化解渠道冲突 朱玉童　编著	系统剖析渠道冲突,21个渠道冲突案例、情景式讲解,37篇讲义	系统、全面
	学话术　卖产品 张小虎　著	分析常见的顾客异议,将优秀的话术模块化	让普通导购员也能成为销售精英
	向高层销售:与决策者有效打交道 贺兵一　著	一套完整有效的销售策略	有工具,有方法,有案例,通俗易懂
	通路精耕操作全解:快消品20年实战精华 周　俊　陈小龙　著	通路精耕的详细全解,每一步的具体操作方法和表单全部无保留提供	康师傅二十年的经验和精华,实践证明的最有效方法,教你如何主宰通路

管理者读的文史哲·生活

	书名.作者	内容/特色	读者价值
思想·文化	**德鲁克管理思想解读** 罗　珉　著	用独特视角和研究方法,对德鲁克的管理理论进行了深度解读与剖析	不仅是摘引和粗浅分析,还是作者多年深入研究的成果,非常可贵
	中西哲学的歧异与会通 张再林　著	本书以一种现代解释学的方法,对中国传统哲学内在本质尝试一种全新的和全方位的解读	发掘出掩埋在古老传统形式下的现代特质和活的生命,在此基础上揭示中西哲学“你中有我,我中有你”之旨
	治论:中国古代管理思想 张再林　著	本书主要从儒、法墨三家阐述中国古代管理思想	看人本主义的管理理论如何不留斧痕地克服似乎无法调解的存在于人类社会行为与社会组织中的种种两难和对立

续表

思想·文化	**中国古代政治制度(修订版)上:皇帝制度与中央政府** 刘文瑞 著	全面论证了古代皇帝制度的形成和演变的历程	有助于读者从政治制度角度了解中国国情的历史渊源
	中国古代政治制度(修订版)下:地方体制与官僚制度 刘文瑞 著	全面论证了古代地方政府的发展演变过程	有助于读者从政治制度角度了解中国国情的历史渊源
	通天彻地,九大法则:《尚书·洪范》讲记 史幼波 著	精析"洪范九畴"这一中华传统政治哲学的理论基础	寓渊深义理于通俗口语之中,使现代人也能一睹中华文化原典之精湛奥义
	中国思想文化十八讲(修订版)待出版 张茂泽 著	中国古代的宗教思想文化,如对祖先崇拜、儒家天命观、中国古代关于"神"的讨论等	宗教文化和人生信仰或信念紧密相联,在文化转型时期学习和研究中国宗教文化就有特别的现实意义
	众生相 仲昭川 著	《互联网黑洞》作者仲昭川的随笔集——纵横宇宙生命,无言参万相。透视各色脸谱,一语破天机	商场或情场的顺心法宝,修道或混世的开悟按钮
	每个中国人身上的春秋基因 史贤龙 著	春秋368年(公元前770–公元前403年),每一个中国人都可以在这段时期的历史中找到自己的祖先,看到真实发生的事件,同时也看到自己	长情商、识人心
	内功太极拳训练教程 王铁仁 编著	杨式(内功)太极拳(俗称老六路)的详细介绍及具体修炼方法,身心的一次升华	书中含有大量图解并有相关视频供读者同步学习
	中医治心脏病 马宝琳 著	引用众多真实案例,客观真实地讲述了中西医对于心脏病的认识及治疗方法	看完这本书,能为您节约10万元医药费
	史幼波心经讲记(上下册) 史幼波 著	句句精讲,句句透彻,佛法经典的多角度阐释	通俗易懂,将深刻的教理以浅显的语言讲出来
	史幼波大学讲记 史幼波 著	用儒释道的观点阐释大学的深刻思想	一本书读懂传统文化经典
	史幼波《周子通书》《太极图说》讲记 史幼波 著	把形而上的宇宙、天地,与形而下的社会、人生、经济、文化等融合在一起	将儒家的一整套学修系统融合起来